Dr. Christian Rauda /

Dr. Jochen Zenthöfer

25 Fälle

Strafrecht BT

Strafrecht – Wir machen die Fälle.

Diebstahl und Betrug, Raub und Erpressung, Mord und Körperverletzung: In diesem Buch finden Sie die wichtigsten Streitigkeiten und Probleme dazu und zu vielen anderen Delikten des Besonderen Teils – aufbereitet im Gutachtenstil. Also genau so, wie Sie es in der Klausur machen müssen.

Für diese Neuauflage wurde unter anderem die neue Rechtsprechung zur Hehlerei eingearbeitet.

Im Internet bieten wir unter **www.rauda-zenthoefer.de** Hinweise auf unseren kostenfreien Klausurenkurs.

Schreiben Sie uns bitte bei Fragen, Anregungen und Kritik:
autoren@rauda-zenthoefer.de

Christian Rauda *Jochen Zenthöfer*

Dr. Christian Rauda ist Rechtsanwalt in Hamburg und Lehrbeauftragter verschiedener Hochschulen, u.a. der Johannes-Gutenberg-Universität Mainz.

Dr. Jochen Zenthöfer ist Rechtsassessor und hat unter anderem zu kriminologischen Fragen geforscht und veröffentlicht. Er ist in Luxembourg tätig.

Hans-Peter Richter
Paul-Schroeder-Straße 18
24229 Dänischenhagen
Tel. 04349-1725
Fax 04349-571
E-Mail: RICHTER-VERLAG@t-online.de
www.Richter-Verlag.de

Druck und Verarbeitung:

2. Auflage 2013

ISBN 978-3-935150-71-2

- (räuberische) Erpressung
- Raub
- Betrug
- Mord (Qualifikation)
- Untreue
- Nötigung
- Freiheitsberaubung

Klausurrelevant

Strafrecht BT in Fällen

Fall 1 und 2

Sachverhalt

Fall 1:

T ist mit seinem Auto gerne mit hoher Geschwindigkeit in einem abgelegenen Außenbezirk von Jena unterwegs. Dabei hält er es für möglich und nimmt es billigend in Kauf, dass es zu einem Unfall kommen und er jemanden verletzen könnte. Das ist ihm aber gleichgültig. Dass es zum Tod eines Menschen kommen könnte, will er aber nicht und er vertraut darauf, dass es so weit schon nicht kommen wird. Eines Tages kann T vor einem Zebrastreifen nicht schnell genug halten. Dabei fährt er den Passanten O an, der nach einer Stunde den unfallbedingten Verletzungen erliegt. Strafbarkeit des T?

Fall 2:

Sachverhalt wie oben, hier hält T jedoch kurz an, nachdem er O angefahren hat. Obwohl T die Schwere der Verletzungen erkennt und damit rechnet, dass O sterben könnte, lässt er O liegen und flieht, weil er Angst hat, entdeckt zu werden. Er nimmt dabei den Tod des O billigend in Kauf. O stirbt. Hätte T den Notarzt gerufen, wäre O noch am Leben. Strafbarkeit des T? Eventuell erforderliche Strafanträge sind gestellt.

Bearbeitervermerk: Zu prüfen sind nur Tötungs- und Körperverletzungsdelikte. Bei Fall 2 sind aber nicht erneut die Körperverletzungsdelikte zu prüfen, die Sie bereits in Fall 1 geprüft haben. Die Konkurrenzen sind sowohl für Fall 1, anschließend auch für die beiden Fälle gemeinsam erarbeiten.

Lösung Fall 1

I. Strafbarkeit gemäß § 212

T könnte sich, indem er O angefahren hat, nach § 212 strafbar gemacht haben.

1. Tatbestand

a) Objektiver Tatbestand

Der tatbestandliche Erfolg ist durch den Tod des O eingetreten. T hat den Tod kausal und objektiv zurechenbar herbeigeführt. Der objektive Tatbestand ist damit erfüllt.

b) Subjektiver Tatbestand

T müsste mit Wissen und Wollen, also vorsätzlich gehandelt haben. T hatte nicht den Willen, einen Mensch zu töten. Er nahm folglich den Tod des O nicht billigend in

Kauf. Vielmehr vertraute er darauf, dass er niemanden töten würde. Damit liegt nur bewusste Fahrlässigkeit vor, es fehlt am Vorsatz.

2. Ergebnis: T ist nicht nach § 212 I strafbar.

II. Strafbarkeit gemäß §§ 223, 224 I Nr. 2, 5, 227 StGB

T könnte sich, indem er den O anfuhr, nach §§ 223, 224 I Nr. 2, 5, 227 StGB strafbar gemacht haben. Das setzt voraus, dass er durch eine vorsätzliche Körperverletzung den Tod eines Menschen verursacht hat.

1. Tatbestand

a) Objektiver Tatbestand

aa) Tatbestand des § 223

Zunächst müssten eine körperliche Misshandlung oder eine Gesundheitsschädigung vorliegen. Das Anfahren des O stellt eine üble und unangemessene Behandlung dar, die das körperliche Wohlbefinden des O mehr als unerheblich beeinträchtigt. Es liegt also eine **körperliche Misshandlung** vor. Die Verletzungen des O stellen einen vom normalen körperlichen Zustand negativ abweichenden krankhaften Zustand dar und sind daher eine **Gesundheitsschädigung**. Die Körperverletzung wurde kausal und objektiv zurechenbar von T durch das Anfahren des O herbeigeführt.

bb) Qualifikation des § 224

T könnte die Körperverletzung mittels eines gefährlichen Werkzeugs begangen haben, § 224 I Nr.2. Dies ist ein Gegenstand, der nach Art und Beschaffenheit sowie der Verwendung im konkreten Fall geeignet ist, erhebliche Verletzungen herbeizuführen. Die Gefährlichkeit eines mit überhöhter Geschwindigkeit fahrenden Autos für Menschen, kann erhebliche Verletzungen zur Folge haben. Daher ist das Auto ein **gefährliches Werkzeug**.

T könnte die Körperverletzung außerdem mittels einer lebensgefährdenden Behandlung begangen haben, § 224 I Nr.5. Dabei ist umstritten, ob die eingetretene Verletzung lebensgefährlich sein muss (**konkrete Lebensgefahr**), oder ob es genügt, wenn die Verletzungshandlung geeignet ist, **das Leben eines Menschen zu gefährden**. Hier ist beides gegeben. Die eingetretenen Verletzungen des O waren lebensgefährlich (und tödlich), und das Anfahren eines Menschen mit einem Auto mit hoher Geschwindigkeit ist generell geeignet, einen Menschen zu töten. Daher ist nach beiden Ansichten eine lebensgefährdende Handlung zu bejahen und eine Streitentscheidung nicht erforderlich.

b) Subjektiver Tatbestand
T muss vorsätzlich gehandelt haben, also gewusst und gewollt haben, dass er O verletzt. T hat die Verletzung eines Menschen für möglich gehalten und billigend in Kauf genommen. Er handelte also mit dolus eventualis und damit vorsätzlich. Außerdem muss er gewusst und gewollt haben, dass er die Verletzung mittels eines gefährlichen Werkzeugs und einer lebensgefährdenden Behandlung vornimmt. T wusste und wollte, dass er das Auto beim Anfahren des O benutzte. Allerdings hat er gerade darauf vertraut, dass es nicht zum Tod eines Menschen kommt, also darauf, dass eventuelle Verletzungen nicht lebensgefährlich sind. Damit fehlt es am Vorsatz hinsichtlich § 224 I Nr. 5 (andere Ansicht vertretbar).

2. Erfolgsqualifikation des § 227
Durch die vorsätzliche Körperverletzung muss kausal der Tod eines Menschen eingetreten sein. Der Tod des O ist aufgrund der Verletzungen beim Unfall eingetreten. Zusätzlich muss eine „Unmittelbarkeit" zwischen der Körperverletzung und dem Tod bestehen. Der Tod muss die typische oder zumindest nicht außergewöhnliche und nicht unvorhersehbare Folge der Körperverletzung gewesen sein (**gefahrspezifischer Zusammenhang**). Wäre T im Rahmen der innerorts zulässigen Geschwindigkeit gefahren, wäre der Tod des O nicht eingetreten, da er so rechtzeitig hätte halten können. Somit ist der gefahrspezifische Zusammenhang gegeben.

Auch ein **Schutzzweckzusammenhang** muss vorliegen. Es muss gerade der Sinn und Zweck der verletzten Sorgfaltsnorm sein, den eingetretenen Erfolg zu verhindern. § 3 StVO soll sicherstellen, dass der Autofahrer in der konkreten Situation rechtzeitig bremsen oder ausweichen kann. Die Vorschrift soll nicht gewährleisten, dass sich der Fahrer zu einem bestimmten Zeitpunkt an einem bestimmten Ort befindet. Die Tatsache, dass T beim Einhalten der ordnungsgemäßen Geschwindigkeit den Unfallort erst später erreicht hätte, ist kein Argument. Ansonsten ließe sich T auch vorwerfen, dass er nicht noch schneller gefahren ist. In diesem Fall hätte T den Unfallort schon passiert, bevor O ihn erreichte. Sinn und Zweck der Geschwindigkeitsbegrenzung ist es, einen Verkehrsunfall und damit auch die Tötung eines Verkehrsteilnehmers zu verhindern und nicht, zu einer bestimmten Zeit an einem bestimmten Ort zu sein. Damit ist auch der Schutzzweckzusammenhang gegeben. Schließlich muss der Erfolg objektiv vorhersehbar und vermeidbar gewesen sein. Es ist nicht außerhalb jeder Wahrscheinlichkeit, dass bei überhöhter Geschwindigkeit ein Unfall geschieht und ein Mensch ums Leben kommt. Dies war also objektiv vorhersehbar. Der Erfolg war auch objektiv vermeidbar. T hätte nur die vorgeschriebene Geschwindigkeit einhalten müssen.

Der Tod wurde mit Fahrlässigkeit durch den Täter herbeigeführt (vgl. § 18). Damit ist die Qualifikation erfüllt.

3. Rechtswidrigkeit / Schuld
T handelte rechtswidrig und schuldhaft.

Ergebnis: T hat sich nach §§ 223, 224 I Nr. 2, 227 strafbar gemacht.

III. Strafbarkeit gemäß § 222
T könnte sich nach § 222 strafbar gemacht haben, indem er O mit überhöhter Geschwindigkeit anfuhr.

1. Tatbestand
O ist tot und der tatbestandliche Erfolg ist damit eingetreten. Durch das Anfahren wurde der Tod des O auch kausal und objektiv zurechenbar verursacht. T muss außerdem eine Sorgfaltspflicht verletzt haben. T hat die Geschwindigkeitsbegrenzung innerorts nicht eingehalten. Indem T als Autofahrer diese Regeln missachtet hat, verletzte er die von ihm zu erwartende Sorgfalt. Eine **Sorgfaltspflichtverletzung** liegt daher vor. Es besteht auch ein Pflichtwidrigkeitszusammenhang, das heißt, der Erfolg wäre bei sorgfaltsgemäßem Verhalten nicht eingetreten. Der Schutzzweckzusammenhang besteht ebenso (s.o.) Damit ist der Tatbestand gegeben.

2. Rechtswidrigkeit
T handelte rechtswidrig.

3. Schuld
Es war T subjektiv möglich, die Sorgfaltspflicht einzuhalten, also die Geschwindigkeit seines Autos anzupassen. Ferner konnte T subjektiv vorhersehen bzw. er hat es sogar vorhergesehen, dass es zu einem Unfall kommen kann, der auch einen tödlichen Ausgang haben kann. T handelte daher schuldhaft.

Ergebnis: T ist nach § 222 strafbar.

Konkurrenzen: §§ 223, 224 I Nr. 2, 227 verdrängt § 222 im Wege der Gesetzeskonkurrenz.

Lösung Fall 2

I. Strafbarkeit gemäß §§ 212, 211 II, 13 I

T könnte sich nach §§ 212, 211 II Var. 9, 13 I strafbar gemacht haben, indem er den Rettungsarzt nicht verständigte.

1. Tatbestand

a) Objektiver Tatbestand

O ist tot, der tatbestandliche Erfolg ist eingetreten. Das fehlende Verständigen eines Notarztes stellt ein Unterlassen dar. Das Anrufen des Notarztes ist eine Rettungshandlung, deren Vornahme objektiv möglich war und geeignet gewesen wäre, den O vor dem Tod zu retten. Das Unterlassen muss hypothetisch kausal für den Erfolgseintritt gewesen sein. Hierzu wendet man die abgewandelte condicio-sine-qua-non-Formel an. Danach ist ein Unterlassen dann kausal für einen Erfolg, wenn bei Vornahme der gebotenen Handlung der Erfolg mit an Sicherheit grenzender Wahrscheinlichkeit vermieden worden wäre. **Der Erfolg dürfte also nicht eingetreten sein, wenn T die Rettungshandlung ausgeführt hätte.** Hätte T den Notarzt gerufen, hätte dieser den O retten können und O wäre mit an Sicherheit grenzender Wahrscheinlichkeit nicht gestorben. Daher ist die hypothetische Kausalität gegeben. Der Tod des O ist dem T **auch objektiv zurechenbar**. T muss ferner eine Garantenstellung gehabt haben. Diese könnte sich aus Ingerenz ergeben. Ingerenz bedeutet vorangegangenes pflichtwidriges Tun. Bei T besteht das pflichtwidrige Vorverhalten im Anfahren des O. Dieses Vorverhalten war auch rechtswidrig, weil er bei seinen Taten nicht gerechtfertigt war. Damit ist der objektive Tatbestand erfüllt.

b) Subjektiver Tatbestand

T muss vorsätzlich gehandelt haben. Er muss bewusst und willentlich die Merkmale des objektiven Tatbestands erfüllt haben. T wusste, dass O sterben würde, wenn er keinen Rettungsarzt ruft und nahm den Tod des O billigend in Kauf. Damit liegt hinsichtlich des Erfolges dolus eventualis vor. T wusste auch, dass er eine ihm mögliche und geeignete Rettungshandlung unterließ. Zudem kannte er die Umstände, aus denen sich seine Garantenstellung ergab, denn er wusste, dass er den O zuvor angefahren hatte. Damit hatte T auch insoweit Vorsatz.

c) Mordmerkmal Verdeckungsabsicht

Außerdem könnte der T das Mordmerkmal der Verdeckungsabsicht (§ 211 II) erfüllt haben, indem er O liegen ließ, weil er nicht wollte, dass seine Beteiligung am Unfall entdeckt wird. **Fraglich ist aber, ob Verdeckungsabsicht bei Unterlassungsdelikten überhaupt vorliegen kann.** Nach einer Ansicht ist das generell nicht möglich, weil Absicht bedeute, dass der Erfolg vom Täter durch seine Handlung als Ziel angesteuert wird. Wer unterlässt, der steuert auch nicht, so dass es auch kein Ziel des Unterlassens geben kann. Würde man dieser Auffassung folgen, wäre T nicht wegen Mordes strafbar.

Vertritt man die Gegensauffassung, ist zu prüfen, worauf sich die Verdeckungsabsicht beziehen soll. Es wird zum einen vertreten, dass gerade die Tötung des Opfers/der Todeserfolg das Mittel der Verdeckung gewesen sein muss, was bedeutet, dass der Tod mit **dolus directus** herbeigeführt worden sein muss. Nach anderer Ansicht genügt aber auch, wenn nur das Unterlassen Mittel zur Verdeckung ist und damit würde auch ein **dolus eventualis** hinsichtlich des Todes ausreichen, um von Verdeckungsabsicht zu sprechen. Hier lag hinsichtlich des Todes des O nur dolus eventualis vor. Nicht der Tod des O, sondern nur das Unterlassen des Verständigens eines Rettungsarztes war das Mittel für T, um die Tat zu verdecken. Daher wäre nur nach der zweiten Ansicht eine Verdeckungsabsicht gegeben.

Da die verschiedenen Ansichten zu unterschiedlichen Ergebnissen führen, muss der Streit entschieden werden.
Gegen die Auffassung, dass dolus eventualis ausreicht, spricht, dass man vom Täter verlangt, aktiv den Tod des Opfers zu verhindern und **damit auch aktiv an der Aufdeckung seiner eigenen Tat mitzuwirken**. Dadurch liegt ein Verstoß gegen das Verbot der Verpflichtung zur Selbstbelastung vor (nemo tenetur se ipsum accusare). Der Täter, der diesem Verlangen zur Selbstbelastung nicht nachkommt, handelt nicht genauso verwerflich wie jemand, der aktiv einen Menschen tötet, um die Aufdeckung zu verhindern. Damit mangelt es an der Gleichwertigkeit von Mord in Verdeckungsabsicht durch Begehung und Mord in Verdeckungsabsicht durch Unterlassen. Folglich ist diese Auffassung abzulehnen.
Da die beiden anderen Meinungen zum selben Ergebnis gelangen, ist ein Streitentscheid entbehrlich. Damit kann wegen Verdeckungsabsicht und somit § 211 nicht bestraft werden, wer nur unterlässt. Dieses Mordmerkmal liegt also nicht vor (a.A. vertretbar).

2. Rechtswidrigkeit
T handelte rechtswidrig.

3. Schuld
T ist schuldfähig, Entschuldigungsgründe liegen nicht vor. T war die Verständigung eines Rettungsarztes zumutbar. Eine eigene Entdeckung drohte nicht, weil T auch anonym einen Rettungsarzt hätte rufen können. Damit handelte T schuldhaft.

Ergebnis: T ist nach §§ 212, 13 I und nach § 222 (s.o. unter Fall 1) strafbar.

Konkurrenzen
Die fahrlässige Tötung und das nachfolgende Unterlassen stehen in Handlungsmehrheit. Die fahrlässige Tötung ist eine mitbestrafte Vortat beim Unterlassensdelikt. Denn das Fahrlässigkeitsdelikt stellt das pflichtwidrige Vorverhalten dar, das zur Garantenstellung aus Ingerenz bei der Unterlassungstat führt. Die vorsätzliche Körperverletzung aus Fall 1 bleibt neben der Unterlassenstat aus Fall 2 nach § 53 stehen, weil ein neuer Tatentschluss vorliegt.

Fall 3

Sachverhalt

Edith (E) leidet seit vielen Jahren an einer unheilbaren Krankheit. Deshalb bekommt sie bereits seit 10 Jahren Medikamente, die ihre Leiden verringern und den sicheren Tod verzögern, dafür aber starke Nebenwirkungen haben. Trotzdem hat sich ihr Zustand immer weiter verschlechtert. Auch mit den Medikamenten wird bei E in kurzer Zeit der Tod eintreten. Schon seit Jahren hat E mehrmals den Wunsch geäußert, dem Leiden durch einen angenehmen und schnellen Tod entgehen zu können. Ihr Mann M leidet seit Jahren mit ihr und erträgt den Anblick seiner kranken Frau kaum. Mehrmals bereits hat sie ihn gebeten, sie doch von ihrem Leiden zu erlösen, sie wünsche sich so sehr einen würdevollen Tod.

Eines Abends sehen die beiden einen Bericht im Fernsehen über Sterbehilfe. Unheilbar Leidende werden durch den Abbruch von lebensverlängernden Maßnahmen von ihrem Leiden erlöst. Erneut angetan von der Vorstellung eines würdevollen Todes sagt E zu M, sie würde sich auch einen solchen Tod wünschen, statt noch Jahre unter Nebenwirkungen und der Unfähigkeit, den Alltag zu bewältigen, leiden zu müssen. Sie bittet M wieder, ihr dabei zu helfen, er solle ihr als ihr Ehemann diesen letzten Wunsch erfüllen. M schockiert der Wunsch, dennoch sieht er, wie sehr E sich quält. Geleitet durch ihren Wunsch, würdevoll zu sterben, möchte er ihr helfen. Er vertauscht die Medikamente mit Vitamintabletten, die wirkungslos sind. Nach einigen Tagen stirbt E. Für M war die Motivation alleine der E ihren Wunsch zu erfüllen und ihr einen würdevollen Tod frei von all den Schmerzen und Leiden zu ermöglichen.

Wie hat M sich nach dem StGB strafbar gemacht?

<u>Zusatzfrage:</u> Welches Ergebnis würde vorliegen, wenn der behandelnde Arzt die Medikation auf Wunsch der E abgebrochen hätte?

Lösung Fall 3

I. Strafbarkeit gemäß § 216 I

M könnte sich einer Tötung auf Verlangen gemäß § 216 I schuldig gemacht haben, indem er die Versorgung der E mit Medikamenten abgebrochen hat.

Hinweis: Man könnte auch eine Strafbarkeit durch Unterlassen annehmen, wenn man meint, dass der Ehemann es unterlassen hat, seiner Frau die Medikamente zu geben.

1. Tatbestand

a) Objektiver Tatbestand

aa) Erfolg

Der **tatbestandliche Erfolg**, der Tod von E, ist eingetreten.

bb) Ausdrückliches und ernstliches Verlangen

Dies müsste zunächst durch das **ausdrückliche Verlangen** der E geschehen sein. Ein Verlangen ist ausdrücklich, wenn es in eindeutiger, nicht misszuverstehender Weise erhoben worden ist. Vorliegend hat E, nachdem sie den Bericht gesehen hat, den Wunsch geäußert, so zu sterben. Sie hat sich zudem bereits seit mehreren Jahren eher einen würdevollen Tod als ein weiteres Leiden gewünscht. Diese Absicht hat sie bereits mehrmals gegenüber M geäußert und sich von ihm gewünscht, diesen Willen auch zu erfüllen. Somit liegt ein ausdrückliches Verlangen der E vor.

Ferner müsste dieses Verlangen auch **ernstlich** geäußert worden sein. Ein solches Verlangen liegt vor, wenn der Patient noch vollkommen überblicken kann, welche Tragweite seine Entscheidung hat, er muss im Vollbesitz seiner Einsichts- und Urteilsfähigkeit sein. Es muss auf **einem freiverantwortlichen Willensentschluss** beruhen und von freiem Willen – **ohne Willensmängel** – getragen sein. Vorliegend ist nicht ersichtlich, dass E durch die Krankheit in ihrer Entscheidungsfähigkeit eingeschränkt war. Sie wusste, dass ihre Entscheidung für sie den Tod bedeutet. Willensmängel sind nicht ersichtlich. Ferner wusste sie auch, dass sie genau von M als ihrem Ehemann diese Tötung wünscht. Somit liegt ein ernstliches Verlangen vor.

cc) zur Tötung bestimmt

Ferner müsste M zur Tötung der E **bestimmt** worden sein. Dies setzt eine Tötungshandlung voraus. Es wird die aktive Sterbehilfe, die indirekte sowie die passive Sterbehilfe unterschieden.

Aktive Sterbehilfe bedeutet, bewusst das Leben durch einen Eingriff zu beenden, zum Beispiel das Geben einer Giftspritze. Dies entspricht einer Tötung nach §§ 211, 212. Eine solche aktive Sterbehilfe ist in Deutschland nicht zulässig und kann allenfalls nach § 216 privilegiert behandelt werden. Vorliegend hat M aber nicht aktiv gehandelt sondern nur die Medikamente weggelassen und damit keine aktive Sterbehilfe vorgenommen.

Indirekte Sterbehilfe bedeutet, dass der Tod die ungewollte, aber bekannte Nebenfolge einer Medikation ist. Hier ist der Tod nicht gewollt, sondern tritt „aus Versehen" ein. Nach allgemeiner Auffassung ist dies in Deutschland über § 34 zu rechtfertigen. Vorliegend hat M der E aber keine Medikamente verabreicht, sondern diese gerade weggelassen. Damit liegt keine indirekte Sterbehilfe vor.

Passive Sterbehilfe bedeutet der Verzicht auf lebenserhaltende Maßnahmen. Vorliegend hätten die Medikamente E noch am Leben erhalten. Dass sie ohnehin irgendwann an der unheilbaren Krankheit gestorben wäre, ist unbedeutend, da schon die geringste Verkürzung (auch wenige Minuten) von Lebenszeit nach einhelliger Auffassung als Tötung anzusehen ist. Somit kommt vorliegend nur die **passive Sterbehilfe** in Betracht.

Unter bestimmten Umständen kann passive Sterbehilfe legal und damit straflos sein. Dies ist davon abhängig, wie der Wunsch des Patienten zu beurteilen ist und welcher Spielraum diesem eingeräumt wird. Daher ist gerade relevant, ob der Patient noch **entscheidungsfähig** war oder eine wirksame Patientenverfügung vorliegt, die eventuell auszulegen ist. Vorliegend ist nicht ersichtlich, dass eine Patientenverfügung vorhanden ist. E war mangels gegenteiliger Angaben im Sachverhalt auch noch entscheidungsfähig. Sie hat auch mehrmals bei vollem Bewusstsein den Wunsch geäußert, zu sterben.

In Literatur und Rechtsprechung wird für die Beurteilung, ob ein Bestimmen und damit eine Strafbarkeit nach § 216 oder eine Tötung nach §§ 211, 212 vorliegt, unterschieden, ob ein Arzt oder ein Dritter eingreift. Ein Arzt überblickt, da er die Leiden und die Krankheit kennt, eher die Tragweite entsprechender Entscheidungen, so dass für Dritte die Anforderungen an ein Bestimmen zur Tötung höher sein müssen. Im vorliegenden Fall hat M gehandelt und somit kein Arzt. In diesen Fällen ist umstritten, wie eine mögliche Straflosigkeit des Eingreifenden dogmatisch zu begründen ist.

aaa) Erste Ansicht

Eine in der Minderheit befindliche Ansicht vertritt, dass passive Sterbehilfe immer nur durch einen Arzt vorgenommen werden könne und aktives Tun, wie es bei einem anderen vorläge, stets nicht vom Schutzzweck des § 216 erfasst sei und damit immer einer aktiven Tötung entspräche.

bbb) Zweite Ansicht (herrschende Meinung)
Die weit überwiegende Auffassung wendet sich aber gegen diese Meinung, da andernfalls der Wille des Patienten und damit das Selbstbestimmungsrecht nicht zur Geltung kommen könne. Es soll niemand zum Leben gezwungen werden, schon gar nicht unter menschenunwürdigen Schmerzen und Leiden. Die überwiegende Auffassung legt daher § 216 verfassungskonform aus und behandelt den Eingriff eines anderen als Beistand im Sterben. Damit liegt § 216 auch objektiv nicht vor.

ccc) Dritte Ansicht
Andere vertreten auch eine Rechtfertigung nach § 34, die aber problematisch erscheint, da man hier in Begründungsnöte kommt, den Tod zu rechtfertigen.

ddd) Vierte Ansicht
Andere wiederum bejahen den Tatbestand des §§ 212, 13, verneinen im Rahmen der Schuld aber die Unzumutbarkeit normgemäßen Verhaltens.

eee) Stellungnahme
Die Ansicht, die das Eingreifen eines Dritten immer als Tötung ansieht, verkennt vollkommen das Selbstbestimmungsrecht des Patienten und würde jeden Patienten, der noch so sehr leidet auch zu einem menschenunwürdigen Leben zwingen. Dies vermag nicht zu überzeugen.

Eine Tötung zu rechtfertigen bereitet vor dem Hintergrund von Art. 2 II 1 GG große Probleme und erscheint daher nicht überzeugend. Zudem würde man dafür zunächst das Tatbestandsunrecht bejahen müssen, was, wenn man ein ausdrückliches und ernstliches Verlangen bejaht, schwierig erscheint.

Am überzeugendsten ist die herrschende Meinung, da es **schon am Tatbestandsunrecht fehlt**, wenn jemand ausdrücklich und ernstlich um Hilfe im Sterben gebeten wurde. Der Tod von E wird sicher eintreten und sie möchte lediglich nicht mehr in solchem Umfang leiden und schneller zu einem würdevollen Tod kommen. Damit fehlt es schon tatbestandlich an dem Unrecht einer Tötung. M verwirklicht bereits objektiv tatbestandlich nicht § 216.

Wenn man eine Unterlassensstrafbarkeit angenommen hat: Die Garantenpflicht des Ehemanns entfällt, wenn die Sterbephase – wie hier – bereits eingetreten war.

2. Ergebnis
M hat sich nicht gemäß § 216 I strafbar gemacht.

Vgl. Bernd Hecker, JuS 2012, 365f. („Strafrecht AT und BT: Tötung auf Verlangen“).

Zusatzfrage:
Wenn der behandelnde Arzt die Medikation abgebrochen hätte, würde auch bereits tatbestandlich § 216 nicht vorliegen.

Allerdings würde es sich bei ihm um **die Rechtsfigur „Unterlassen durch Tun“** handeln. Seine Garantenpflicht, die sich aus dem Behandlungsvertrag begründet, würde entfallen. Ein Unterschied gegenüber dem Handeln eines Dritten ergibt sich bei Vorliegen eines ausdrücklichen und ernstlichen Verlangens des Patienten nur bei der dogmatischen Begründung der Straflosigkeit. Er handelt mit einem Unterlassen während ein Dritter immer durch aktives Tun handelt, da bei einem Dritten die Weiterbehandlung nicht durch Vertrag zu fordern ist. Eine solche Rechtspflicht obliegt nur einem Arzt. Auch der Arzt wäre straflos.

Fall 4

<u>Sachverhalt</u>

K hat schon in frühster Kindheit Hausschlachtungen von Tieren beobachtet. Von diesem Machtgefühl über Lebewesen begeistert entwickelte er in der Pubertät immer mehr den Trieb, einen Menschen auf diese Weise zu beherrschen, zu töten und dann zu verspeisen. Im Internet fand er in einem Forum Menschen, die bereit waren, sich töten zu lassen. Über dieses Forum kam er auch mit dem ehemaligen Polizisten O in Kontakt, der, von seinem Leben enttäuscht, nach seelischer Erfüllung sucht. Er möchte über seine „Schuld" hinwegkommen, vor einigen Jahren bei einem Polizeieinsatz einen Einbrecher erschossen zu haben. Seitdem findet er keinen rechten Sinn mehr in seinem Leben.

K und O tauschen sich mehrere Monate lang über ihre Schicksale aus. Schließlich schlägt K dem O vor, dass er ihm den Bauch aufschlitzen, ihn dann ausbluten lassen und anschließend verspeisen könnte. O ist damit einverstanden, weil es ihm darauf ankommt, für die Tötung des Einbrechers zu sühnen. Er meint, durch seinen Tod zum Seelenheil zu kommen. Was nach dem Ausbluten mit ihm geschieht, ist ihm egal. Einige Wochen später treffen sich K und O. K schlitzt den O emotionslos mit einem Schlachtermesser den Bauch auf, lässt ihn über 15 Minuten lang ausbluten und zerteilt den toten Körper sodann. In den darauf folgenden Monaten verspeist K die Körperteile des O.

Wie hat sich K nach dem StGB strafbar gemacht?

Bearbeitervermerk: Es ist davon auszugehen, dass K vollumfänglich schuldfähig i.S.d. § 20 ist.

Lösung Fall 4

I. Strafbarkeit gemäß § 216 I
K könnte sich einer Tötung auf Verlangen gemäß § 216 I schuldig gemacht haben, indem er den O aufschlitzte und ihn ausbluten ließ.

1. Tatbestand

a) Objektiver Tatbestand
Für das Vorliegen des objektiven Tatbestands müsste zunächst ein **ausdrückliches und ernstliches Verlangen** des O nach seiner Tötung vorliegen.

aa) Ein Verlangen ist mehr als ein bloßes Einverständnis des Opfers in seine Tötung. Es besteht in der **Einwirkung** des Opfers auf den Willen des Täters, wobei die Initiative nicht vom Opfer ausgegangen sein muss. Es reicht ein Bestimmen i.S.d. § 26 aus.

bb) Ein Verlangen ist ausdrücklich, wenn es in eindeutiger, nicht misszuverstehender Weise erhoben worden ist. **Ernstlich ist ein Verlangen, wenn es vom freien Willen des Opfers getragen und zielbewusst auf die Tötung gerichtet ist**. Hierzu ist erforderlich, dass das Opfer nach den Maßstäben der natürlichen Einsichts- und Urteilsfähigkeit die Tragweite seiner Entscheidung erfassen konnte. Bezüglich der Tötung ist O einverstanden.

cc) O müsste K jedoch zur Tötung **bestimmt** haben. Die Initiative muss (siehe unter aa)) nicht zwingend vom Getöteten/Opfer ausgegangen sein. Vorliegend kam der Vorschlag von K, mit dem O einverstanden war. Eine Bestimmung geht jedoch weiter als ein Einverstandensein bzw. eine Einwilligung. Im Täter muss der Entschluss zur Tat hervorgerufen werden. K war jedoch schon vorher zur Tötung entschlossen (sog. omnimodo facturus) und schlug diese deshalb auch vor. Eine Bestimmung liegt nicht vor, wenn der Täter **aus eigenem Antrieb ein zur Tötung bereites Opfer sucht**, das hierauf lediglich eingeht, um ein von ihm erstrebtes **anderes Ziel** verwirklichen zu können (BGH NJW 05, 1876ff.; Wessels/Hettinger, StrafR BT 1, Rdnr. 158). Gerade dies war hier jedoch der Fall: O stimmte zu, weil es ihm darauf ankam, Sühne für die Tötung eines Einbrechers zu erleben. Ihm war es gleichgültig, was mit ihm nach dem Ausbluten passiert. Somit liegt kein handlungsleitendes Bestimmen vor.

2. Ergebnis
K hat sich nicht nach § 216 schuldig gemacht.

II. Strafbarkeit gemäß §§ 211 II Var. 6, Var. 8, 212 I

K könnte sich aber eines Mordes gemäß §§ 211 II Var. 6, Var. 8, 212 I schuldig gemacht haben, indem er den O ausbluten ließ.

1. Tatbestand

a) Objektiver Tatbestand

Der tatbestandliche Erfolg, der Tod des O, ist eingetreten. Ferner könnte K mit dem **Mordmerkmal der Grausamkeit** gehandelt haben (§ 211 II Var. 6). Grausam ist eine Tötung, wenn die mit ihr verbundenen Schmerzen über das normale Maß, das für eine Tötung erforderlich ist, weit hinausgehen. K hat den O 15 Minuten lang ausbluten lassen, bis dieser gestorben ist. Das Aufschlitzen des Bauches ist mit extremen Schmerzen verbunden. Zudem ist das langsame Ausbluten ein qualvoller Tod, der somit in der Schmerzintensität weit über das normale Maß einer Tötung hinausgeht. Eine solche Ausblutung mit offenem Bauch ist somit als grausam anzusehen.

b) Subjektiver Tatbestand

K wusste und wollte, dass O zu Tode kommt. Mithin handelte er mit **Tötungsvorsatz**. Hinsichtlich des Mordmerkmals der Grausamkeit müsste K dem O die starken Schmerzen zudem aus gefühlloser, unbarmherziger Gesinnung zugefügt haben. Er hat O die Schmerzen bewusst zugefügt und kannte die Umstände, die die Grausamkeit ausmachen. Eine gefühllose Gesinnung ist zu bejahen. Ferner könnte K auch gehandelt haben, um **eine andere Straftat zu ermöglichen**, § 211 II Var. 8. In Betracht kommt eine Tat nach § 168 I Var. 2. Es ist somit zu untersuchen, ob § 168 I Var. 2 eine taugliche Tat für § 211 II Var. 8 wäre und K diese verwirklichen konnte und wollte.

aa) Tatbestand des § 168 I Var. 2

Dazu müsste K **Unfug** an der Leiche des O verübt haben. Unfug ist eine rohe Gesinnung zeigende, grob ungehörige Handlung, die missbräuchlich verübt wird. Das Zerlegen und Verspeisen einer Leiche zeigt eine rohe Gesinnung und verstößt gegen gesellschaftliche Wertvorstellungen. Daher ist es missbräuchlich und grob ungehörig. K hat folglich Unfug an der Leiche verübt.

Nach dem Wortlaut des Gesetzes muss hinzukommen, dass die geschilderte Behandlung "beschimpfend", also **höhnend oder herabsetzend** ist. Wann dies der Fall ist, richtet sich danach, welches Rechtsgut durch die Vorschrift geschützt wird. Nach allgemeiner Auffassung soll § 168 sowohl das Pietätsgefühl der Allgemeinheit schützen als auch den postmortalen Persönlichkeitsschutz des Toten gewähren.

Zunächst könnte ein Eingriff in den **postmortalen Persönlichkeitsschutz** des O vorliegen. Dazu müsste der K dem O seine Verachtung zeigen wollen und sich des beschimpfenden Charakters bewusst sein. K hat jedoch gehandelt, um O verspeisen zu können. O war damit auch einverstanden. Eine Verletzung des Persönlichkeitsrechts ist nicht ersichtlich.

Es kommt aber eine **Verletzung des Pietätgefühls** in Betracht. Dabei kommt es darauf an, ob der Täter die Menschenwürde als Rechtsgut an sich missachten will. Denn die Vorstellungen der Allgemeinheit hinsichtlich des Umgangs mit Toten gründen letztlich in dem Bewusstsein der jedem Menschen zukommenden und über den Tod hinauswirkenden Würde. Die Würde des Menschen verbietet es, ihn einer Behandlung auszusetzen, die seine Subjektsqualität prinzipiell in Frage stellt. Menschenwürde in diesem Sinne ist nicht nur die individuelle Würde der jeweiligen Person, sondern die Würde des Menschen als Gattungswesen. Im Bewusstsein der Allgemeinheit stellt aber das Aufschlitzen eines Menschen zum Zweck des späteren Verzehrs eine Behandlung dar, die die Würde des Menschen als Gattungswesen missachtet. Es liegt daher eine Pietätverletzung vor.

Fraglich ist, wie es sich auswirkt, dass O mit dem Vorgehen des K einverstanden war. Es könnte ein **tatbestandsausschließendes Einverständnis** vorliegen. Das Einverständnis ist nur wirksam, wenn O über das verletzte Rechtsgut auch verfügen konnte. Über Rechtsgüter der Allgemeinheit kann O nicht disponieren. Dass § 168 I Var. 2 jedenfalls auch ein Rechtsgut der Allgemeinheit schützt und nicht etwa nur ein Individualrechtsgut, zeigt sich bereits an seiner systematischen Verankerung im Kontext der dem Schutz des öffentlichen Friedens dienenden Strafnormen. Anderenfalls wäre § 168 I Var. 2 eher als eine Art „tätliches" Verunglimpfen des Andenkens Verstorbener im Abschnitt über die Beleidigungsdelikte einzuordnen gewesen.

Über das Pietätgefühl der Allgemeinheit konnte O nicht verfügen. Es liegt daher kein tatbestandsausschließendes Einverständnis vor. K handelte auch vorsätzlich.

bb) Rechtswidrigkeit / Schuld

K handelte ferner auch rechtswidrig und schuldhaft bezüglich § 168 I Var. 2.

cc) Zwischenergebnis

K hat sich gemäß § 168 I Var. 2 schuldig gemacht.

K handelte gerade, um anschließend den O zu verspeisen und somit um eine andere Straftat (§ 168 I Var. 2) zu ermöglichen. Das Mordmerkmal liegt vor.

2. Rechtswidrigkeit / Schuld

K handelte auch rechtswidrig und schuldhaft bezüglich §§ 211 II Var.6, Var.8, 212 I.

Ergebnis:
K hat sich wegen Mordes gemäß §§ 211 II Var. 6, Var. 8, 212 I strafbar gemacht.

III. Strafbarkeit gemäß § 168 I Var. 2

K hat sich ferner der Störung der Totenruhe gemäß § 168 I Var. 2 schuldig gemacht, indem er den O verspeiste. Wie bereits dargestellt, hat K beschimpfenden Unfug an der Leiche verübt.

IV. Strafbarkeit gemäß §§ 223 I, 224 I Nr. 2, Nr.5

K könnte sich ferner einer gefährlichen Körperverletzung gemäß §§ 223 I, 224 I Nr. 2, Nr. 5 schuldig gemacht haben, indem er O den Bauch aufschlitzte.

1. Tatbestand

a) Objektiver Tatbestand
Vorliegend ist O durch das Aufschlitzen seines Bauches in erheblichem Maße in seinem körperlichen Wohlbefinden beeinträchtigt, so dass eine **körperliche Misshandlung** vorliegt. Ferner ist durch den geöffneten Bauch bei O auch ein krankhafter Zustand hervorgerufen, so dass ferner eine **Gesundheitsschädigung** vorliegt.

Ferner könnte K mit einem **gefährlichen Werkzeug**, § 224 I Nr. 2, dem Schlachtermesser gehandelt haben. Das Schlachtermesser ist dazu geeignet, erhebliche körperliche Verletzungen hervorzurufen und somit ein gefährliches Werkzeug. Ferner ist mit dem Aufschlitzen des Bauches ein erheblicher Blutverlust verbunden, der zum Tode führen kann, so dass auch **eine das Leben gefährdende Behandlung** gemäß § 224 I Nr. 5 vorliegt.

b) Subjektiver Tatbestand
K wusste auch, dass er O eine das Leben gefährdende Behandlung mit einem Messer zufügt. Dennoch wollte er dies und handelte mithin zumindest bedingt vorsätzlich. Fraglich ist aber, ob der bereits verwirklichte Tötungsvorsatz den Vorsatz hinsichtlich der Körperverletzung ausschließt. Wie bereits dargestellt, hat K bereits einen vorsätzlichen Mord begangen. Die Lehre vom **Alternativvorsatz** geht davon aus, dass der Täter, dem es nur auf eine Rechtsverletzung ankommt, auch nur Vorsatz bezüglich dieses Delikts habe, vorliegend also § 211. Wird sodann dieses Delikt verwirklicht, dann besteht auch nur hinsichtlich dieses der Vorsatz und hinsichtlich des anderen kein Vorsatz. Nach dieser Ansicht würde K somit nur bezüglich § 211 Vorsatz aufweisen und bezüglich §§ 223, 224 es am Vorsatz fehlen.

Die überwiegende Auffassung löst dieses Problem jedoch **konkurrenzrechtlich**. Andernfalls würde es zu **Strafbarkeitslücken** kommen, wenn der Täter einer versuchten Tötung zurücktritt, aber schon die Körperverletzung vollendet hat. Dann könnte er wegen dieser mangels Vorsatzes nicht bestraft werden. Dies kann nicht dem Willen des Gesetzgebers entsprechen. Somit wird der Täter unter Bejahung von Idealkonkurrenz wegen aller Delikte in Tateinheit bestraft. Der Vorsatz des K liegt vor.

2. Rechtswidrigkeit / Schuld
K handelte rechtswidrig und schuldhaft.

Ergebnis:
K hat sich gemäß §§ 223 I, 224 I Nr. 2, Nr. 5 einer gefährlichen Körperverletzung schuldig gemacht. Normalerweise würde die Körperverletzung bei vollendeter Tötung nach der Einheitstheorie zurücktreten. Dies betrifft jedoch die Fälle, in denen zwischen Körperverletzung und Tötung kein bedeutend höherer Unrechtsgehalt vorliegt. Vorliegend ist aber die Körperverletzung außergewöhnlich grausam wegen des Vorsatzes, O bei offenem Bauch ausbluten zu lassen, so dass der normale Tötungserfolg den hohen Körperverletzungscharakter, der der Tötung vorangegangen ist, nicht voll erfassen würde.

Aus Klarstellungsgründen verdrängt §§ 211, 212 daher ausnahmsweise nicht §§ 223, 224, da nur so deutlich wird, dass K vor der Tötung eine gefährliche Körperverletzung vorgenommen hat.

V. Strafbarkeit gemäß § 227 I
Ferner könnte K sich einer Körperverletzung mit Todesfolge gemäß § 227 I schuldig gemacht haben, indem er O aufschlitzte.

1. Tatbestand

a) Tatbestandsmäßige Körperverletzung nach § 223: Wie bereits dargestellt, liegt eine Körperverletzung nach § 223 vor.

b) Verursachung des Todeserfolges: Durch die Körperverletzung, das Aufschlitzen des Bauches, ist auch der Tötungserfolg als schwere Folge eingetreten. So ist nach der Äquivalenztheorie die Verursachung zu bejahen.

c) Objektive Zurechnung: Dieser Tötungserfolg ist K auch objektiv zurechenbar, da sich die von ihm geschaffene Gefahr, das Aufschlitzen des Bauches, in dem Erfolg, dem Tod durch Ausbluten, verwirklicht hat.

d) Gefahrspezifischer Zusammenhang: Ferner müsste ein Unmittelbarkeitszusammenhang zwischen dem Grunddelikt und der erfolgsqualifizierten Folge, dem Tod, vorliegen. Nach der Literatur muss der Todeserfolg sich **aus dem Verletzungserfolg ergeben**. Vorliegend war das Ausbluten die Folge des Aufschlitzens des Bauches, so dass ein gefahrenspezifischer Zusammenhang zwischen Grunddelikt und Folge vorliegt. Nach der Rechtsprechung reicht eine versuchte Körperverletzung aus, der Todeserfolg **kann sich** somit, **muss sich aber nicht** aus der Verletzungshandlung ergeben. Vorliegend hat sich, wie bereits dargestellt, der Todeserfolg aus dem Grunddelikt ergeben, so dass auch nach der Rechtsprechung ein Unmittelbarkeitszusammenhang besteht. Damit kann eine Stellungnahme dahinstehen. Der **gefahrenspezifische Zusammenhang** liegt somit vor.

e) Subjektive Zurechnung

Ferner müsste subjektive Fahrlässigkeit i.S.d. § 18 hinsichtlich des Todeserfolges und des spezifischen Gefahrenzusammenhanges vorliegen.

K hatte sogar zielgerichteten Vorsatz, den O zu töten. Damit liegt mindestens Fährlässigkeit vor. K handelte auch rechtswidrig und schuldhaft.

Ergebnis: K hat sich gemäß § 227 I strafbar gemacht.

Endergebnis / Konkurrenzen:

§ 227 I wird von den ebenfalls verwirklichten §§ 211, 212 verdrängt, da das Unrecht durch das Vorsatzdelikt §§ 211, 212 bereits voll erfasst ist. K hat sich eines Mordes, der Störung der Totenruhe sowie der gefährlichen Körperverletzung schuldig gemacht, §§ 211 II, 212 I; 168 I Var. 2, 223 I, 224 I Nr. 2, Nr.5. Die Delikte stehen in Tateinheit zueinander, § 52 I. Die Körperverletzung bleibt zur Klarstellung neben §§ 211, 212 stehen.

Fall 5

Sachverhalt

Der schizophrene Opernsänger und Pianist Giuseppe (G) hat sich zur Entspannung auf eine Weltreise mit dem deutschen Clubschiff Amneris begeben. Da er sich für Nebukadnezar hält, singt er dort ständig lauthals Arien aus Verdis „Nabucco". Die Kulturbanausen Joe (J), Mike (M) und Bob (B) können dies nicht mehr ertragen und beschließen, G ordentlich zu verprügeln. Eines Abends, als wieder die Baritonstimme über das Deck hallt, beginnen sie auf ihn einzuschlagen. Als G bereits auf dem Boden liegt, steigt J auf seine linke Hand, an der G einen Trümmerbruch erleidet, ohne dass einer der Beteiligten die Folge will. B, der das Krachen der Knochen gehört hat, verlässt daraufhin die Gemengelage. M möchte es G noch einmal richtig zeigen und holt zu einem Schlag aus. Um den Angriff abzuwehren, zieht G eine Stimmgabel aus der Tasche und streckt sie M entgegen. Dabei trifft er dessen linkes Auge, so dass M dort das Augenlicht verliert. Bei G bleibt der linke Ringfinger trotz der Intervention des Bordarztes dauerhaft gelähmt.

Voller Trauer darüber, dass er nicht mehr Klavier spielen kann, übt G umso eifriger den Gesang. Als das Schiff an einer künstlichen, mitten im Nordatlantik liegenden Plattform anlegt, die von reißenden Fluten umgeben ist und keinem Staat gehört, gibt der Kapitän (K) den Reisenden die Möglichkeit, dort den Ausblick zu genießen. Auch G nutzt diese Gelegenheit. Als er den Möwen seine Gesangeskunst vorführt, nutzt K, der ebenfalls das „Geplärre" des G leid ist, die günstige Gelegenheit und bittet schnell alle Reisenden, wieder einzusteigen und legt ab. G registriert dies gar nicht, weil er sich so auf die Schönheit der Melodie konzentriert.

Als das Schiff bereits abgelegt hat, hat G sich derart in Ekstase gesungen, dass er ohnmächtig wird, ohne das Ablegen bemerkt zu haben. Aufgrund der eisigen Kälte, der G auf der Plattform ausgeliefert ist, wacht er aus der Ohnmacht nicht auf und droht zu erfrieren. Diese Konsequenz hatte K billigend in Kauf genommen. Zufällig kommt jedoch ein Schiff vorbei, dessen Besatzung G sieht, aus der Ohnmacht erweckt und mitnimmt, so dass er überlebt.

Wie haben sich J, B und K strafbar gemacht? Die Strafbarkeit von M und G ist nur insoweit zu erörtern, als dies zur Beantwortung der Fallfrage nötig ist.

Lösung Fall 5

A. Strafbarkeit des J

I. Strafbarkeit gemäß §§ 223 I, 224 I Nr. 4, 25 II

J könnte sich wegen gefährlicher Körperverletzung in Mittäterschaft gemäß §§ 223 I, 224 I Nr. 4, 25 II strafbar gemacht haben, indem er G dem gemeinsamen Plan folgend zusammen mit B und M verprügelt hat.

1. Anwendbarkeit des deutschen Strafrechts

Zuerst müsste der vorliegende Sachverhalt in den **räumlichen Geltungsbereich** des deutschen Strafrechts fallen. Ob dies der Fall ist, richtet sich nach den §§ 3-7. Die fragliche Tat wurde auf einem deutschen Schiff begangen, auf dem gemäß § 4 deutsches Strafrecht gilt.

2. Tatbestand

a) Objektiver Tatbestand

Es müsste eine körperliche Misshandlung vorliegen. **Körperliche Misshandlung** ist eine grobe unangemessene Behandlung, die das körperliche Wohlbefinden nicht nur unerheblich beeinträchtigt. Im Verprügeln ist eine solche üble unangemessene Behandlung zu erblicken. Darüber hinaus könnte auch eine **Gesundheitsschädigung**, also das Herbeiführen eines pathologischen Zustands, gegeben sein. G bedurfte nach lebensnaher Betrachtung einer ärztlichen Behandlung nach der Schlägerei. Deshalb ist der objektive Körperverletzungstatbestand verwirklicht.
Außerdem könnte eine Qualifikation i.S.d. § 224 I Nr. 4 verwirklicht worden sein. In Betracht kommt eine Körperverletzung durch **gemeinschaftliche Begehung**. Diese liegt vor, wenn mindestens zwei Beteiligte dem Opfer in feindlicher Willensrichtung gegenüberstehen. M, B und J wirken aufgrund eines gemeinsamen Tatentschlusses bei der Tat bewusst und gewollt zusammen und sind deshalb Mittäter i.S.d. § 25 II. Da sie G auch gemeinsam gegenüberstehen, handelt es sich um eine gemeinschaftlich verübte Körperverletzung i.S.d. § 224 I Nr. 4.

b) Subjektiver Tatbestand

J müsste vorsätzlich, also mit Wissen und Wollen hinsichtlich der Tatbestandsverwirklichung gehandelt haben. Er wollte in Kenntnis der Tatumstände sowohl den Grund- als auch den Qualifikationstatbestand herbeiführen, handelte also vorsätzlich.

3. Rechtswidrigkeit / Schuld

J handelte rechtswidrig und schuldhaft.

Ergebnis: J hat sich wegen mittäterschaftlich begangener gefährlicher Körperverletzung gemäß §§ 223 I, 224 I Nr. 4, 25 II strafbar gemacht.

II. Strafbarkeit gemäß §§ 223, 226 I

J könnte sich wegen schwerer Körperverletzung gemäß §§ 223 I, 226 I strafbar gemacht haben, indem er G, als dieser am Boden lag, auf dessen linke Hand stieg, wobei dieser eine dauerhafte Lähmung des linken Ringfingers davontrug.
Eine vorsätzlich begangene Körperverletzung i.S.d. § 223 I liegt vor (s.o.).

J müsste eine **schwere Folge i.S.d. § 226** herbeigeführt haben. In Betracht kommt die dauerhafte Gebrauchseinbuße eines wichtigen Glieds i.S.d. § 226 I Nr. 2 Var. 2. Das setzt voraus, dass der linke Ringfinger des G, der nunmehr gelähmt ist, ein wichtiges Glied ist. Beurteilt man die Wichtigkeit eines Glieds **objektiv**, so ist der linke Ringfinger für den Durchschnittsmenschen kein wichtiges Glied. Stellt man dagegen **auf die individuellen Verhältnisse des Opfers** ab, müsste man die Wichtigkeit des Ringfingers bejahen, weil G zum Klavierspielen alle Finger benötigt. Berücksichtigt man mit einer vermittelnden Ansicht nur die anlagebedingten körperlichen Besonderheiten, wäre zu prüfen, ob G etwa Linkshänder ist. Dies kann aber dahinstehen, wenn ohnehin richtigerweise ein objektiver Maßstab anzulegen ist. Dies ist deshalb zu befürworten, weil sonst in § 226 I bereits **Strafzumessungskriterien** aus § 46 II (insb. „Auswirkungen der Tat") hineingelesen werden. Außerdem schützt § 226 nicht spezifische soziale Funktionen, sondern die Unversehrtheit derjenigen Körperteile, die beim Durchschnittsmenschen als besonders wichtig angesehen werden. Legt man deshalb richtigerweise einen objektiven Maßstab zugrunde, ist hier keine schwere Folge eingetreten.

Ergebnis: J hat sich nicht wegen schwerer Körperverletzung Nr.1 strafbar gemacht.

III. Strafbarkeit gemäß § 231 I

J könnte sich wegen Beteiligung an einer Schlägerei gemäß § 231 I strafbar gemacht haben, indem er mit M und B den G verprügelte, wobei M ein Auge verlor.

1. Tatbestand

a) Objektiver Tatbestand

Es müsste zuerst eine Schlägerei oder ein Angriff mehrerer vorliegen. Eine **Schlägerei** ist ein mit gegenseitigen Körperverletzungen verbundener Streit von mindestens drei Personen. Demgegenüber ist ein **Angriff mehrerer** die von mindestens zwei Personen einseitig initiierte feindselige Einwirkung auf einen Dritten. Da J, M und B den G attackiert haben und da noch zwei Angreiferanwesend waren, als M das Augenlicht verlor, bestand auch im Zeitpunkt, der für den Eintritt der schweren Folge in Betracht kommt, ein Angriff mehrerer fort.
Da J an den Tätlichkeiten teilgenommen hatte, war er auch am Angriff **beteiligt**.[1]

---

[1] Prüfungshinweis: Trennen Sie bei der Prüfung sauber (1) das Vorliegen einer Schlägerei, bzw. eines Angriffs und (2) die Beteiligung daran.

b) Subjektiver Tatbestand
Da J die Umstände kannte, die zum Vorliegen eines Angriffs mehrerer führen, und sich willentlich daran beteiligte, handelte er vorsätzlich.

2. Objektive Bedingung der Strafbarkeit
Als objektive Bedingung der Strafbarkeit müsste der Tod eines Menschen oder eine schwere Körperverletzung i.S.d. § 226 verursacht worden sein. Da M sein Augenlicht verloren hat, ist eine schwere Folge i.S.d. § 226 I Nr. 1 eingetreten. Fraglich ist aber, ob sich etwas anderes daraus ergibt, dass die Herbeiführung der schweren Folge gerechtfertigt war. G hat zur **Abwendung eines gegenwärtigen, rechtswidrigen Angriffs ein verhältnismäßiges Mittel gewählt**, indem er M die Stimmgabel entgegenstreckte und damit in Notwehr i.S.d. § 32 gehandelt. Dem könnte man sofort entgegenhalten, dass ein gerechtfertigtes Verhalten nicht über den Umweg von § 231 zu strafbarem Unrecht werden kann. Allerdings verwirklicht sich gerade auch in einer gerechtfertigten Herbeiführung einer schweren Folge die **abstrakte Gefährlichkeit einer Schlägerei**, so dass es auf die Rechtfertigungsgründe hinsichtlich der einzelnen Maßnahme für die Strafbarkeit nach § 231 nicht ankommen kann. Der Eintritt der objektiven Bedingung der Strafbarkeit ist kein unrechtserhöhendes Merkmal, sondern er macht die Tat nur aus generalpräventiver Sicht strafwürdig. Folglich ist der Verlust des Augenlichts des M als objektive Bedingung der Strafbarkeit zu werten.

2. Rechtswidrigkeit und Schuld
J handelte rechtswidrig und schuldhaft.

Ergebnis: J hat sich wegen Beteiligung an einer Schlägerei strafbar gemacht.

B. Strafbarkeit des B

I. Strafbarkeit gemäß §§ 223 I, 224 I Nr. 4, 25 II
B könnte sich wegen in Mittäterschaft begangener gefährlicher Körperverletzung gemäß §§ 223 I, 224 I Nr. 4, 25 II strafbar gemacht haben, indem er zusammen mit J und M den G verprügelte. Wie oben gezeigt, liegt eine gefährliche Körperverletzung objektiv vor. Ob B sie selbst begangen hat oder ob sie vor allem von M und J hervorgerufen wurde, kann dahinstehen, weil sie B jedenfalls aufgrund seiner mittäterschaftlichen Beteiligung i.S.d. § 25 II zuzurechnen ist. Da B mit Wissen und Wollen handelte, hatte er Vorsatz. Sein Handeln war außerdem rechtswidrig und schuldhaft.

Ergebnis: B hat sich wegen mittäterschaftlich begangener gefährlicher Körperverletzung gemäß §§ 223 I, 224 I Nr. 4, 25 II strafbar gemacht.

II. Strafbarkeit gemäß § 231 I

B könnte sich wegen Beteiligung an einer Schlägerei gemäß § 231 I strafbar gemacht haben, indem er mit M und J den G verprügelte, wobei M sein Augenlicht verlor.

1. Tatbestand

a) Objektiver Tatbestand

Ein **Angriff mehrerer** liegt vor (s.o.). B müsste daran auch **beteiligt** sein. Das ist der Fall, wenn er am Tatort anwesend war und durch physische oder psychische Mitwirkung an den Tätlichkeiten teilgenommen hat. Da B am Angriff physisch mitgewirkt hat, war er am Angriff beteiligt. Dabei ist für die Beteiligung am Angriff unbeachtlich, wann diese stattgefunden hat.

b) Subjektiver Tatbestand

B hatte Vorsatz hinsichtlich des Vorliegens eines Angriffs mehrerer und seiner Beteiligung daran.

c) Objektive Bedingung der Strafbarkeit

Eine schwere Folge i.S.d. § 226 ist eingetreten (s.o.). Da B sich in dem Zeitpunkt, als diese eingetreten ist, bereits vom Tatort der Gemengelage entfernt hatte, ist fraglich, ob ihm der Eintritt der objektiven Bedingung der Strafbarkeit zur Last gelegt werden kann. Dies richtet sich nach der Einordnung des Zeitpunkts der Beteiligung.

Einer Ansicht zufolge kommt es **auf den Zeitpunkt der Beteiligung im Verhältnis zum Eintritt der objektiven Bedingung nicht an**, so dass B nach § 231 zu bestrafen wäre. Einer anderen Ansicht zufolge scheidet eine Bestrafung nach § 231 aus, wenn der Täter sich **erst nach Eintritt der Bedingung an der Schlägerei beteiligt**. Da dabei aber auch die Fälle umfasst sind, in denen sich der Täter vorher entfernt, käme man auch hier zu einer Strafbarkeit nach § 231. Schließlich setzt eine letzte Ansicht voraus, dass der Täter zum Zeitpunkt **der Verursachung der schweren Folge beteiligt ist**. Im vorliegenden Fall wäre § 231 demnach hinsichtlich des B zu verneinen.
Da die Ansichten zu unterschiedlichen Ergebnissen führen, bedarf es eines Streitentscheids. Da der Wortlaut keine Auslegungsmöglichkeit für zwingend erklärt, ist der *telos* (Sinn und Zweck) des § 231 heranzuziehen. Die Norm sanktioniert die Beteiligung an Schlägereien aufgrund ihrer **abstrakten Gefährlichkeit** für Leben und körperliche Unversehrtheit von Beteiligten und Dritten. Die abstrakte Gefährlichkeit, die ein Beteiligter mitgeschaffen hat, wirkt aber über den eigentlichen Zeitpunkt seiner Beteiligung hinaus fort. Daran ändert sich auch nichts, wenn der Täter ähnlich wie bei der tätigen Reue, aus Einsicht über das getane Unrecht, sich vom Ort der Schlägerei entfernt. Deshalb ist die an dritter Stelle genannte Ansicht

abzulehnen. Ein Streitentscheid zwischen den ersten beiden Ansichten kann dahinstehen, da die objektive Bedingung bei B jedenfalls zur Strafbarkeit führt.

2. Rechtswidrigkeit und Schuld

B handelte rechtswidrig und schuldhaft.

Ergebnis: B hat sich wegen Beteiligung an einer Schlägerei gemäß § 231 I strafbar gemacht.

C. Strafbarkeit des K

I. Strafbarkeit gemäß § 221 I

K könnte sich wegen Aussetzung gemäß § 221 I strafbar gemacht haben, indem er von der Plattform im Meer, auf der sich G noch aufhielt, abgelegt hat.

1. Anwendbarkeit deutschen Strafrechts

Die Plattform unterliegt keiner Strafgewalt. Deutsches Strafrecht ist daher gemäß § 7 I Var. 2 anwendbar.

2. Tatbestand

a) Objektiver Tatbestand

aa) G müsste sich in einer hilflosen Lage befunden haben. **Hilflose Lage** ist eine Situation, in der sich das Opfer nicht selbst vor der Gefahr des Todes oder einer schweren Gesundheitsschädigung schützen kann. Eine hilflose Lage könnte bereits durch Verlassen des Schiffes und Betreten der Plattform geschaffen worden sein, weil man dort nicht überleben kann. Allerdings konnte sich G ohne weiteres vor den dort für ihn bestehenden Gefahren schützen, indem er wieder auf das Schiff zurückging. Allein dadurch, dass er auf den Schutz eines anderen angewiesen ist, befindet er sich noch nicht in einer hilflosen Lage. In dieser befand er sich erst, als ihm der Schutz des Schiffes dadurch versagt wurde, dass es ablegte, weil er sich nun allein nicht mehr helfen konnte.
bb) Fraglich ist aber, ob K ihn in die hilflose Lage versetzte (Nr. 1) oder ihn in einer solchen im Stich ließ (Nr. 2), indem er ablegte. **In eine hilflose Lage versetzt wird, wer in sie unter dem bestimmenden Einfluss des Täters gebracht wird**. Ein Im-Stich-Lassen liegt vor, wenn eine notwendige Beistandsleistung unterlassen wird. Wie der Wortlaut des § 221 I Nr. 2 zeigt, muss die hilflose Lage im Zeitpunkt des Im-Stich-Lassens bereits bestanden haben. Hier wurde sie **allerdings erst dadurch geschaffen, dass K ablegte**. Dass durch diese Auslegung kaum noch Fälle für die Nr. 2 übrig bleiben und damit die in Nr. 2 geforderte Garantenstellung oftmals für eine Bestrafung wegen Aussetzung nicht notwendig ist, ist kein durchschlagender

Einwand, weil dies in der gesetzgeberischen Fassung des Wortlauts verankert ist. Also liegt eine Tatbegehung i.S.d. Nr. 1 vor.

cc) Weiterhin stellt sich die Frage, ob ein Begehen durch Tun oder durch Unterlassen (§ 13) vorliegt. Dies richtet sich nach dem **Schwerpunkt** des strafrechtlich relevanten Verhaltens. Hier ist das Ablegen bestimmend für die Situation, so dass eine Begehung durch Tun anzunehmen ist.

dd) Konkrete Gefährdung

K müsste eine konkrete Gefahr für die Gesundheit oder das Leben geschaffen haben. Es fehlt an einer solchen, wenn mit Sicherheit erwartet werden kann, dass Dritte den Schadenserfolg verhindern werden. Da G bewusstlos und dem Erfrieren nahe war, hing es nur vom Zufall ob, ob sein Tod eintreten würde. Auch konnte nicht erwartet werden, dass ihn jemand von der Plattform rettet. Also lag eine **konkrete Gefährdung** seines Lebens vor.

b) Subjektiver Tatbestand

K handelte mit Wissen und Wollen hinsichtlich der Tatbestandsverwirklichung und damit mit Vorsatz. Insbesondere hatte er auch den Gefährdungsvorsatz (dolus eventualis), dass G in eine Lage gebracht wird, in der Gefahr des Todes oder einer schweren Gesundheitsschädigung besteht. Der subjektive Tatbestand ist damit erfüllt.

3. Rechtswidrigkeit / Schuld

K handelte rechtswidrig und schuldhaft.

Ergebnis: K hat sich wegen Aussetzung gemäß § 221 I Nr. 1 strafbar gemacht. Eine mitverwirklichte unterlassene Hilfeleistung, § 323c, tritt dahinter zurück.

II. Strafbarkeit gemäß § 239 I Var. 2

K könnte sich durch das Ablegen von der Plattform wegen Freiheitsberaubung gemäß § 239 I Var. 2 strafbar gemacht haben.

1. Tatbestand

a) Objektiver Tatbestand

aa) K könnte G der Freiheit beraubt haben. Dies setzt voraus, dass G daran gehindert war, seinen Aufenthaltsort zu verlassen. Das ist auch der Fall, wenn ihm das Verlassen des Aufenthaltsorts unzumutbar war. Da die Plattform von reißenden Fluten umgeben war, war es G nicht möglich, sich von ihr zu entfernen.

bb) Problematisch ist aber, dass G die Einschränkung seiner Fortbewegungsfreiheit nicht bemerkte, zuerst wegen seines Gesangs, später wegen seiner Ohnmacht. Fraglich ist, ob dennoch eine Freiheitsberaubung vorliegt.

aaa) Zum einen könnte man nur diejenigen vom Schutzbereich des § 239 erfassen, die sich fortbewegen wollen, es aber nicht können. Da G auf den Gesang konzentriert war, **hatte er nicht den aktuellen Willen, sich fortzubewegen**, so dass eine Strafbarkeit des K gemäß § 239 nicht in Betracht käme. Zum anderen könnte man auch die Fälle einschließen, in denen die objektive Beeinträchtigung der Fortbewegungsmöglichkeit nicht bemerkt oder keine Fortbewegung erstrebt wird. Demnach wäre § 239 hier einschlägig. Schließlich ließe sich vermittelnd darauf abstellen, ob das Opfer sich fortbewegen könnte, wenn es wollte, also potentiell einen Willen entwickeln und realisieren kann, sich fortzubewegen. Hier konnte G, zumindest bis er ohnmächtig wurde, einen **potentiellen Willen, sich fortzubewegen, entfalten und auch durchsetzen**, so dass diese Ansicht auch zu einer Strafbarkeit nach § 239 käme.

bbb) Aufgrund der unterschiedlichen Ergebnisse ist der Streit zu entscheiden. Für die erste Ansicht spricht, dass § 239 einen Spezialfall der Nötigung darstellt, bei der aber nur ein Versuch vorliegt, wenn tatsächlich nicht auf den Willen des Betroffenen eingewirkt wird. Allerdings müssen in den Schutzbereich des § 239 angesichts des hohen Stellenwerts der Freiheit auch diejenigen aufgenommen werden, die keinen Willen zur Fortbewegung haben oder ihn nicht realisieren können. Dies steht auch im Einklang mit dem Willen des Gesetzgebers, der mit dem 6. StrRG nicht mehr auf den „Gebrauch" der Freiheit abstellen wollte[2], **also auch eine potentielle Fortbewegungsfreiheit schützen wollte**. Schließlich käme es auch bei § 239 III Nr. 1 zu Problemen, wenn man der ersten Ansicht folgte, weil der dort genannte Zeitraum einer Woche, wohl immer durch Schlafzeiten unterbrochen wäre, so dass

[2] Durch das 6. StrRG wurde das Wort „Gebrauch" aus § 239 I gestrichen.

als Konsequenz die Qualifikation zu verneinen wäre. Folglich muss es ausreichen, dass das Opfer, so wie vorliegend G, zumindest potentiell den aktualisierbaren Willen zur Fortbewegung haben konnte. G war somit der Freiheit beraubt.

b) Subjektiver Tatbestand
K wollte in Kenntnis der Tatumstände die Tatbestandsverwirklichung, handelte mithin vorsätzlich.

2. Rechtswidrigkeit / Schuld
K handelte rechtswidrig und schuldhaft.

Ergebnis: K hat sich wegen Freiheitsberaubung gemäß § 239 I Var. 2 strafbar gemacht.

Endergebnis und Konkurrenzen
J und B haben sich wegen mittäterschaftlich begangener gefährlicher Körperverletzung in Tateinheit mit Beteiligung an einer Schlägerei gemäß §§ 223, 224 I Nr. 4, 231 I, 25 II, 52 strafbar gemacht. K hat sich wegen Aussetzung in Tateinheit mit Freiheitsberaubung gemäß §§ 221 I Nr. 1, 239 I Var. 2, 52 strafbar gemacht.

Fall 6

Sachverhalt

Die 19jährige Studentin S interessiert sich zu Semesterbeginn in ihrer Buchhandlung für zwei gute und kostengünstige Richter-Skripte und ein Lehrbuch. Da das Lehrbuch einen stolzen Preis hat (40 Euro für gerade mal 130 Seiten), steckt sie dieses unter die Jacke, um es nicht zu bezahlen. Dabei wird sie durch den Detektiv beobachtet. Nachdem sie den Kassenbereich, wo sie die beiden Richter-Skripte bezahlt hatte, verlässt, spricht sie der Detektiv an. S gibt alles zu. Sie wird in das Büro des Inhabers I der Buchhandlung geschickt. Dort formuliert I einen Strafantrag und faxt diesen an die Polizei. Er könne aber, so erklärt I, den Strafantrag zurücknehmen, wenn S sich ihm geschlechtlich hingebe. Dies lehnt S ab. Wie haben sich S und I strafbar gemacht? Strafantrag ist nur wegen § 242 gestellt.

Lösung Fall 6

A. Strafbarkeit der S

I. Strafbarkeit nach § 242 I

S könnte sich eines Diebstahls am Lehrbuch gemäß § 242 I schuldig gemacht haben, indem sie sich dieses unter die Jacke steckte und so den Kassenbereich passierte.

1. Tatbestand

a) Objektiver Tatbestand

aa) Das Lehrbuch ist für S eine **fremde bewegliche Sache**.

bb) S könnte das Buch **weggenommen** haben. Wegnahme ist Bruch fremden und die Begründung neuen Gewahrsams. Gewahrsam ist die von einem Herrschaftswillen getragene tatsächliche Herrschaft über eine Sache, deren Reichweite sich nach der Verkehrsauffassung bestimmt. Danach hatte der Inhaber der Buchhandlung ursprünglich den Gewahrsam an allen Büchern, da nach der Verkehrsauffassung in einem räumlichen Herrschaftsbereich der Inhaber der Räumlichkeit generell die Sachherrschaft über die Gegenstände in diesem Raum besitzt und auch den generellen Willen zu dieser Sachherrschaft hat.

Durch Einstecken des Lehrbuches unter ihre Jacke könnte S **neuen Gewahrsam begründet** haben. Nach der Verkehrsauffassung begründet unter anderem diejenige in einem fremden Herrschaftsbereich neuen Gewahrsam, die Sachen in ihre Kleidung steckt (so genannte **Gewahrsamsenklave**). Damit hat S neuen Gewahrsam begründet. Dies ist ohne Einverständnis des ursprünglichen

Gewahrsamsinhabers geschehen. Damit hat sie fremden Gewahrsam auch gebrochen. In der Beobachtung durch den Detektiv liegt auch kein stillschweigendes Einverständnis in die Gewahrsamsverschiebung: Diebstahl ist kein heimliches Delikt. Folglich liegt eine Wegnahme im Sinne von § 242 I vor.

b) Subjektiver Tatbestand
S handelte auch vorsätzlich und mit Zueignungsabsicht.

2. Rechtswidrigkeit / Schuld
S handelte rechtswidrig und schuldhaft.

II. Ergebnis: S hat sich somit eines Diebstahls am Lehrbuch nach § 242 I schuldig gemacht.

B. Strafbarkeit des Inhabers I

I. Strafbarkeit gemäß §§ 240 I, III, 22, 23 I durch das „Angebot"

I könnte sich durch das Angebot, die Strafanzeige zurückzunehmen, wenn sich S ihm geschlechtlich hingebe, wegen versuchter Nötigung gemäß §§ 240 I, III, 22, 23 I strafbar gemacht haben.

1. Nichtvollendung der Tat und Strafbarkeit des Versuchs
Die Tat ist nicht vollendet. S ging nicht auf das „Angebot" ein, weswegen die von I erstrebte geschlechtliche Hingabe nicht stattgefunden hat. Der Versuch der Nötigung ist nach § 240 III strafbar.

2. Tatentschluss
a) I müsste den Vorsatz gehabt haben, S mit einem empfindlichen Übel zu drohen. Drohen ist das Inaussichtstellen eines zukünftigen Ereignisses, auf das der Drohende Einfluss zu haben vorgibt. I wollte S in Aussicht stellen, dass es gegen sie zu einem Strafverfahren kommen würde. Darauf sollte er Einfluss haben, **da er den gestellten Strafantrag gemäß § 77 d I zurücknehmen konnte**. Dieses Ereignis musste ein empfindliches Übel sein, das heißt, ein Nachteil, der geeignet ist, einen besonnenen Menschen in der konkreten Situation zu dem mit der Drohung erstrebten Verhalten zu bestimmen. Eine drohende Strafverfolgung ist zweifellos ein solches empfindliches Übel.

aa) Fraglich ist das Vorliegen einer Drohung jedoch, da I **mit einem Unterlassen** droht (Nichtrücknahme eines Antrags). Nach einer Meinung sind nur dann Drohungen mit einem Unterlassen tatbestandsmäßig, wenn der Täter eine

Rechtspflicht zur Vornahme der in Aussicht gestellten - das Übel verhindernden - Handlung hatte. Folglich läge hier kein Tatentschluss vor, da I nicht zur Rücknahme des Strafantrags verpflichtet war. Demnach wäre I nicht nach §§ 240 I, III, 22, 23 I strafbar.

bb) Nach der herrschenden Meinung ist auch die Drohung mit einem Unterlassen ein grundsätzlich taugliches Nötigungsmittel. An die **Verwerflichkeit** könnten jedoch höhere Anforderungen zu stellen sein. Danach lag hier ein Tatentschluss zu einer Drohung vor. Folglich wäre I nach §§ 240 I, III, 22, 23 I strafbar.

cc) Die Ansichten kommen zu unterschiedlichen Ergebnissen. Eine Streitentscheidung ist notwendig. Für die erste Ansicht spricht, dass durch das „Angebot" der Freiheitsraum des anderen nicht reduziert, **sondern vielmehr erweitert** werde. Denn ihm wird eine zusätzliche Möglichkeit gegeben, ein drohendes Übel abzuwehren. Dagegen spricht jedoch, dass auch in der Drohung mit einem Unterlassen eine unzulässige Motivierung des Opfers liegt, das zu einem bestimmten Verhalten gezwungen werden soll. Zudem hängt es auch oft von (zeitlichen) Zufällen ab, ob der Täter mit einer Handlung oder einer Unterlassung droht: Hätte in diesem Fall I zunächst sein „Angebot" gemacht und ansonsten mit dem Absenden der Anzeige gedroht, läge nach allgemeiner Ansicht eine Drohung vor. Diese beiden Fälle unterschiedlich zu behandeln, ist nicht einzusehen. Sie sind strukturell identisch. I hatte somit den Tatentschluss, eine Drohung mit einem empfindlichen Übel vorzunehmen.

b) Nötigungserfolg war nach der Vorstellung des I, dass S ihm sich geschlechtlich hingebe (Handlung). Die Drohung sollte für das Erreichen dieses Erfolgs auch ursächlich sein. Der Tatentschluss zu einer Nötigung lag somit vor.

3. Unmittelbares Ansetzen

Durch Aussprechen der Drohung hat I auch nach seiner Vorstellung zur Verwirklichung unmittelbar angesetzt, da er die Tathandlung vorgenommen hat.

4. Rechtswidrigkeit

Die Drohung müsste nun zu dem angestrebten Zweck verwerflich sein (§ 240 II). Das Mittel, also die Drohung – Strafverfahren wegen Diebstahls – ist für sich genommen nicht verwerflich, da I die Anzeige nicht zurücknehmen musste. Der Zweck – geschlechtlicher Verkehr mit S – ist unter erwachsenen Leuten auch nicht verwerflich. Die Verknüpfung von Mittel und Zweck ist aber in einem solchen Maße sozial unerträglich, weil Zweck und Mittel in keiner inneren Beziehung zueinander stehen. Das Ausnutzen der Zwangslage einer Person zu eigenen sexuellen Zwecken ist somit verwerflich.

Ergebnis: Da I auch schuldhaft handelte und von diesem fehlgeschlagenen Versuch auch nicht strafbefreiend zurücktreten konnte, hat er sich wegen einer versuchten Nötigung gemäß §§ 240 I, III, 22, 23 I strafbar gemacht.

II. Strafbarkeit gemäß § 185 durch das „Angebot"

I könnte S nach § 185 beleidigt haben. Eine Beleidigung ist die Kundgabe von Missachtung oder Nichtachtung. In dem Angebot an S liegt eine Kundgabe der Missachtung ihrer Ehre, da I damit ausdrückt, dass sie gegen individuelle Vorteile sexuelle Handlungen vorzunehmen bereit sei. Allerdings liegt kein Strafantrag nach § 194 vor.

Ergebnis: Damit wird I nicht nach § 185 bestraft.

Fall 7

Sachverhalt

Nachdem sich Ottilie (O) von ihrem sie häufig schlagenden Mann Theodor (T) getrennt hat, entdeckt dieser seine Liebe zu ihr wieder. Er versucht verzweifelt sie wiederzugewinnen, indem er ihr mit Tränen in den Augen Besserung gelobt. Doch O, die sich allzu oft hat erweichen lassen, bleibt diesmal hart und zwingt T dazu, ihre Wohnung zu verlassen. Dieser will aber nicht nachgeben und fährt mit seinem Wohnmobil vor das Haus, in dem O wohnt. Er kündigt sogar seinen Arbeitsvertrag, um Tag und Nacht dort campieren zu können. Dreimal täglich klingelt er bei O und fordert sie auf, ihn hereinzulassen. Er sagt ihr, dass er keinesfalls nachgeben werde.

Da O weiterhin nicht nachgibt, wirft er ihr ein Schreiben mit folgendem Inhalt in den Briefkasten: „Alte Schlampe, wahrscheinlich hast du einen anderen Macker gefunden. Aber ich versprech' dir eins: wenn ich den finde, murks ich den ab." Tatsächlich hat O gar keinen neuen Freund oder Liebhaber. Aufgrund ihrer großen Angst vor T beschließt O, von nun an ihre Wohnung nur noch in Begleitung eines Dritten zu verlassen. Ständig wird sie von Freunden bewacht. Damit hatte T nicht im Geringsten gerechnet. Als sie jedoch, mittlerweile sechs Monate nach ihrer Trennung von T, ausnahmsweise ohne Begleitung das Haus verlässt, um zu joggen, folgt ihr T unauffällig. Er ist so wütend auf O, dass er ihr die vermeintliche Demütigung heimzahlen will. Als sie gerade in einen verlassenen Feldweg einbiegt, taucht er plötzlich auf und zwingt sie mit vorgehaltenem Messer unter Aussprechen von Todesdrohungen, seinen Befehlen Folge zu leisten. Er drängt sie ins Feld, drückt sie für kurze Zeit so kräftig auf den Boden, dass sie sich nicht mehr bewegen kann, um ihren letzten Widerstand zu brechen. Dann entkleidet und vergewaltigt er sie. Wie hat sich T seit dem Zeitpunkt der Trennung strafbar gemacht?

Bearbeitervermerk: Die Strafbarkeit der Vergewaltigung nach § 177 I, II Nr.1, IV Nr. 1 ist zu unterstellen. Dahinter treten die während einer Vergewaltigung regelmäßig mitbegangenen Taten der Freiheitsberaubung, Bedrohung und Nötigung (§§ 239 I Var. 2, 241, 240 I) im Wege der Konsumtion zurück. Erforderliche Strafanträge sind gestellt.

StPO-Zusatzfrage: Im Ermittlungsverfahren befürchtet Staatsanwalt S, dass O in der Hauptverhandlung aus Angst vor T ihre Aussage verweigern wird und T deshalb freizusprechen ist. Wie kann er das am besten vermeiden?

Lösung Fall 7

I. Strafbarkeit gemäß § 238

T könnte sich wegen Nachstellung gemäß § 238 I Nr. 1, 2, 4 strafbar gemacht haben, indem er vor der Wohnung der O campierte, bei ihr regelmäßig klingelte und ihr den abwertenden Brief zukommen ließ.

1. Tatbestand

a) Objektiver Tatbestand

aa) Zuerst müsste T der O **nachgestellt** haben. Nachstellen umfasst alle Handlungen, die darauf ausgerichtet sind, durch unmittelbare oder mittelbare Annäherungen an das Opfer in dessen persönlichen Lebensbereich einzugreifen und dadurch seine Handlungs- und Entschließungsfreiheit zu beeinträchtigen.[3] Dabei muss zumindest eine der typischen Nachstellungshandlungen i.S.d. § 238 I Nr. 1-4 oder eine vergleichbare Handlung i.S.d. § 238 I Nr. 5 vorliegen.

aaa) Vorliegend kommt ein Nachstellen durch das **Aufsuchen der räumlichen Nähe** in Betracht, § 238 I Nr. 1 Das setzt eine gezielte physische Annäherung des Täters an das Opfer voraus. Durch das Campieren vor dem Haus der O und durch das Klingeln hat T sich ihr intendiert körperlich genähert, also ihre räumliche Nähe aufgesucht.

bbb) Des Weiteren könnte T durch das Einwerfen des Schreibens eine Kontaktaufnahme i.S. der Nr. 2 verwirklicht haben. Das Schreiben ist ein Mittel der Kommunikation. Damit hat T versucht, Kontakt zu O aufzunehmen. Zwar hat T nur einmal ein solches Schreiben verfasst. Allerdings ist die Intensität und Dauer von Nachstellungshandlungen nur im Rahmen des Tatbestandsmerkmals der „**Beharrlichkeit**", die sich auf die Gesamtheit der verwirklichten Varianten des § 238 bezieht, erheblich. T hat demzufolge die Voraussetzungen der Nr. 2 verwirklicht.

ccc) Außerdem könnte T durch den gegen einen potentiellen neuen Freund der O gerichteten Inhalt des Schreibens die Voraussetzungen der Nr. 4 erfüllt haben. Da T einem solchen ein empfindliches Übel für dessen Leben in Aussicht stellt, droht er mit der Verletzung des Lebens. Allerdings ist fraglich, wie zu beurteilen ist, dass O gar keinen neuen Freund hatte. Man könnte in dem Schreiben zuerst eine **implizite Bedrohung von O selbst** erblicken. Allerdings würde man damit den Wortlaut des von T verfassten Textes überdehnen. Die mittelbare oder implizite Drohung ist Folge und nicht Voraussetzung der Verwirklichung von § 238 I Nr. 4 Deshalb kommt allenfalls die Bedrohung eines vermeintlichen Freundes in Betracht. Da es ihn nicht gibt, kommt er aber nicht als Adressat der Drohung in Betracht. Es widerspräche zu-

[3] BT-Drucks. 16/575, S. 7.

dem dem Schutzzweck der Nr. 4, wenn eine imaginäre Person als Bedrohter ausreichen würde, weil damit kein psychischer Zwang auf das Opfer der Nachstellung ausgeübt werden kann. Damit hat T nicht die Voraussetzung der Nr. 4 erfüllt.

ddd) In dem Schreiben könnte aber eine vergleichbare Handlung i.S. der Nr. 5 liegen. Das setzt voraus, dass eine Handlung vorgenommen wird, die in Art und Schwere den Nummern 1-4 vergleichbar ist. Durch das Schreiben erleidet O Beeinträchtigungen ihrer **Ehre**, indem sie als „Schlampe" bezeichnet wird. Zudem könnte ihr **allgemeines Persönlichkeitsrecht** betroffen sein, weil sie sich nicht mehr entscheiden kann, ob sie sich bindet. Diese Beeinträchtigungen sind aber nicht mit den anderen Varianten des § 238 I, insbesondere der Nr. 4 vergleichbar, weil die dort beschriebenen Rechtsgüter auf einer qualitativ deutlich höheren Stufe stehen als die Ehre und das Persönlichkeitsrecht. Deshalb ist eine Verwirklichung der Nr. 5 durch das Schreiben nicht gegeben.
Es liegen mithin Nachstellungshandlungen i.S. der Nr. 1 und 2 vor.

bb) Die Nachstellungshandlungen müssten auch **beharrlich vorgenommen** worden sein. Beharrliches Handeln setzt ein wiederholtes oder andauerndes Verhalten voraus. Indem T sechs Monate lang vor Os Wohnung campierte und dreimal täglich bei ihr klingelte, stellte er ihr beharrlich nach. Dass er nur einmal einen Brief schrieb und damit die Nr. 2 erfüllte, ist unbeachtlich, weil sich die Beharrlichkeit auf die Gesamtheit der Nachstellungshandlungen bezieht.

cc) Da ein rechtlich anerkanntes Interesse nicht ersichtlich ist, handelte T auch unbefugt.

dd) Weiterhin müsste auch die Lebensgestaltung der O **schwerwiegend beeinträchtigt** sein. Dafür sind objektivierbare erzwungene Veränderungen der Lebensumstände des Opfers erforderlich. Da O aufgrund ihrer großen Angst vor T nur noch in Begleitung Dritter ihre Wohnung verlässt, ist ihre Lebensgestaltung schwerwiegend beeinträchtigt.

ee) Schließlich müsste die schwerwiegende Beeinträchtigung der Lebensverhältnisse **kausal** auf die Nachstellungen zurückzuführen sein. Die Kausalität bestimmt sich dabei nach der condicio-sine-qua-non-Formel, also dürfte das Nachstellungsverhalten nicht hinwegzudenken sein, ohne dass die schwerwiegende Beeinträchtigung der Lebensgestaltung entfiele. Nur weil T die O belagert, kann sie nicht mehr allein die Wohnung verlassen. Damit ist auch die Kausalität gegeben.

b) Subjektiver Tatbestand

T müsste auch vorsätzlich gehandelt haben. Vorsatz ist der Wille zur Tatbestandsverwirklichung in Kenntnis aller Tatumstände. T handelte vorsätzlich hinsichtlich der

Nachstellungshandlungen. Aber bei § 238 muss sich der Vorsatz auch auf die Folge, also die schwerwiegende Beeinträchtigung der Lebensgestaltung, beziehen. Laut Sachverhalt hatte T mit dieser Folge nicht gerechnet, also fehlte ihm das kognitive Vorsatzelement. Bei lebensnaher Sachverhaltsauslegung ist außerdem davon auszugehen, dass er die Folge nicht herbeiführen wollte, weil ihm dies die Annäherung an O erschweren würde. Demzufolge mangelt es ihm auch an der voluntativen Komponente des Vorsatzes. T handelte somit ohne Vorsatz.

Ergebnis: T hat sich nicht wegen Nachstellung gemäß § 238 I strafbar gemacht.

II. Strafbarkeit gemäß §§ 240 I, III, 22, 23

T könnte sich wegen versuchter Nötigung gemäß §§ 240 I, III, 22 strafbar gemacht haben, indem er O vergeblich aufforderte, ihn in ihre Wohnung zu lassen und ihr sagte, dass er keinesfalls nachgeben werde.

1. Nichtvollendung der Tat und Strafbarkeit des Versuchs

Da O den T nicht in ihre Wohnung ließ, ist der Nötigungserfolg ausgeblieben. T konnte der O nicht erfolgreich ein ihrem Willen widerstrebendes Verhalten aufzwingen. Die Strafbarkeit der versuchten Nötigung ergibt sich aus § 240 III.

2. Tatentschluss

T müsste den Tatentschluss hinsichtlich einer Nötigung gehabt haben. Tatentschluss bedeutet vorsätzliches Handeln hinsichtlich aller objektiven Tatbestandsmerkmale.

a) Der Tatentschluss des T muss sich zuerst auf eine Nötigungshandlung beziehen. In Betracht kommt hier eine **Drohung**. Eine Drohung ist das Inaussichtstellen eines empfindlichen Übels, auf dessen Eintritt der Drohende Einfluss zu haben vorgibt. Vorliegend stellt T der O sowohl durch seine Aussage, er werde nicht nachgeben, als auch konkludent durch das dauerhafte Campieren vor ihrem Haus in Aussicht, dass er weiterhin vorhabe, vor ihrem Haus zu wohnen und dreimal täglich bei ihr zu klingeln. Fraglich ist, ob es sich hierbei um ein **empfindliches Übel handelt** oder ob O einem solchen Verhalten in besonnener Selbstbehauptung standhalten muss.
Einerseits könnte man von O verlangen, dass sie dieses Verhalten des T als alltägliches sozialadäquates Verhalten hinnimmt, denn man kann sich üblicherweise nicht aussuchen, wer vor dem Haus parkt und wer klingelt. Gegen Störungen ist allenfalls durch polizei- und ordnungsrechtliche oder zivilrechtliche Maßnahmen (§§ 1004, 823 BGB) vorzugehen. Allerdings kann nach der gesetzgeberischen Entscheidung (§ 238) auch beharrliches Nachstellen unter gewissen Voraussetzungen strafbar sein. Das zeigt, dass auch hier die Schwelle des Akzeptablen und Sozialadäquaten überschritten sein kann. Bei so einem extremen Verhalten wie dem des T kann kein besonnenes Standhalten verlangt werden. Es liegt damit eine Drohung mit einem empfindlichen Übel vor.

b) Auch hinsichtlich des **Nötigungserfolgs** hatte T Tatentschluss, da er wollte, dass O ihn in die Wohnung ließ. Dabei stellte er sich vor, dass seine Drohung für den Erfolg ursächlich sein würde. T hatte also Tatentschluss bezüglich der **Kausalität** zwischen Nötigungshandlung und -erfolg.

3. Unmittelbares Ansetzen

Spätestens durch das Aussprechen der Drohung hat T die Schwelle zum „jetzt geht's los" überschritten und damit unmittelbar angesetzt (§ 22).

4. Rechtswidrigkeit

T müsste rechtswidrig gehandelt haben. Rechtswidrig ist die Nötigung nicht bereits, wenn keine Rechtfertigungsgründe eingreifen, sondern erst dann, wenn die Tat **verwerflich** i.S.d. § 240 II ist. Die Verwerflichkeit bemisst sich dabei nach der **Zweck-Mittel-Relation**. Das Nötigungsmittel, das als beharrliches Nachstellen unter weiteren Voraussetzungen sogar strafbar ist (§ 238), ist rechtlich missbilligt und damit verwerflich. T bezweckt, dass O ihn gegen ihren Willen in die Wohnung lässt. Dass T noch mit O verheiratet ist und er damit grundsätzlich einen Anspruch auf eheliches Zusammenleben hat, ist bei der Beurteilung der Verwerflichkeit unbeachtlich. Vielmehr ist zu berücksichtigen, dass auch der Noch-Ehemann den Schutz der Wohnung respektieren muss und, wie die Regelungen in § 1361b II BGB und im Gewaltschutzgesetz zeigen, sogar gezwungen werden kann, eine in seinem Eigentum stehende Wohnung zu verlassen. Damit besteht der Zweck des Verhaltens des T darin, eine Verletzung des Hausfriedens der O herbeizuführen, was ebenfalls rechtlich missbillig ist. Auch die Relation zwischen Zweck und Mittel ist demzufolge verwerflich. Da keine Rechtfertigungsgründe ersichtlich sind, handelte T rechtswidrig.

5. Schuld

T handelte schuldhaft.

Ergebnis: T hat sich wegen versuchter Nötigung gemäß §§ 240 I, III, 22, 23 strafbar gemacht.

III. Strafbarkeit gemäß § 185

T könnte sich wegen Beleidigung gemäß § 185 strafbar gemacht haben, indem er O in seinem Schreiben als „Schlampe" bezeichnete. Eine Beleidigung ist die Kundgabe von Missachtung oder Nichtachtung. Der mit dem Begriff „Schlampe" verbundene Vorwurf der sexuellen Freizügigkeit beinhaltet den Ausdruck von Verachtung. Also liegt objektiv eine Beleidigung vor. Diese hat T auch rechtswidrig und schuldhaft begangen. Der gemäß § 194 erforderliche Strafantrag ist gestellt.

Ergebnis: T hat sich wegen Beleidigung gemäß § 185 strafbar gemacht, indem er O als „Schlampe" bezeichnet hat.

IV. Strafbarkeit gemäß § 239b

T könnte sich wegen Geiselnahme gemäß § 239b I Var. 1 strafbar gemacht haben, indem er O zu Boden drückte, um ihren Widerstand gegen die Vergewaltigung zu brechen.

1. Tatbestand

a) Objektiver Tatbestand

Zuerst könnte T sich der O bemächtigt haben. Sich-Bemächtigen ist das Erlangen der physischen Gewalt über eine Person. T hat sich der O bemächtigt, indem er sie kurze Zeit zu Boden gedrückt hat, so dass sie sich nicht mehr bewegen konnte, und hat damit physische Gewalt über ihre Person ausgeübt. Damit hat T § 239b in der Variante des Sich-Bemächtigens objektiv verwirklicht.

b) Subjektiver Tatbestand

T handelte vorsätzlich.

aa) T müsste aber auch in der Absicht gehandelt haben, O durch die Drohung mit dem Tod oder einer schweren Körperverletzung zu einer Handlung, Duldung oder Unterlassung zu nötigen. In Betracht kommt hier eine Drohung mit dem Tod, durch die O zur Duldung der Vergewaltigung gezwungen werden sollte. Allerdings stehen hier die objektive Tathandlung des Sich-Bemächtigens und die damit erzwungene Vergewaltigung in einem so engen zeitlichen Verhältnis zueinander, dass fraglich wird, ob die Geiselnahme als gesondertes Unrecht gegenüber der Vergewaltigung zu berücksichtigen ist. Daran können im Hinblick auf den dadurch eröffneten Strafrahmen Zweifel bestehen.
Deshalb wird gefordert, dass eine **stabile Zwischenlage** durch das Sich-Bemächtigen geschaffen wird, **die dann zu einer Drohung und letztlich zu einer Nötigung ausgenutzt wird**. Aus dem Wortlaut lässt sich aber eine solche restriktive Auslegung nicht ableiten. Vorliegend ist das Niederdrücken der O durch T nur eine Vorbereitung der Vergewaltigung. Damit wäre bei Heranziehung des zusätzlichen Merkmals der stabilen Zwischenlage die Strafbarkeit gemäß § 239b I zu verneinen. Wegen der unterschiedlichen Ergebnisse ist der Streit zu entscheiden.

aaa) Aus dem Wortlaut ergeben sich keine Anhaltspunkte für eine restriktive Auslegung des § 239b I. Auch ist es nicht möglich, im Wege der Konkurrenz § 239b I als spezielleres Delikt gegenüber § 177 zurücktreten zu lassen, weil § 239b I nicht alle Tatbestandsmerkmale von § 177 erfasst. Dies spricht für die Ablehnung einer einschränkenden Auslegung von § 239b I.

bbb) Allerdings wird eine extensive Auslegung nicht der Falltypik des § 239b I gerecht. Das besondere Unrecht der Geiselnahme liegt darin, dass eine **andauernde Situation geschaffen wird, die zur Ausübung von Zwang**

ausgenutzt werden kann. Dies ist nicht mit Fällen vergleichbar, in denen eine Tat wie § 177 begangen wird, für die die Einschränkung der körperlichen Freiheit charakteristisch ist. Allerdings sind Fallgestaltungen denkbar, in denen erst eine stabile Zwischenlage geschaffen wird, um diese dann für eine Vergewaltigung auszunutzen (z.B. Einkerkern einer Person über längere Zeit, um sie wiederholt zu vergewaltigen). Deshalb tritt § 239b I nicht generell hinter § 177 als lex generalis zurück. Stattdessen ist mit Rücksicht auf den Schutzzweck der Norm eine Untersuchung der konkreten Tatumstände vorzunehmen und zu prüfen, ob eine stabile Zwischenlage vorliegt, die zur weiteren Nötigung ausgenutzt werden sollte.

Eine solche Auslegung findet auch einen Anhaltspunkt im Wortlaut, denn die Formulierung „**und dadurch**" deutet daraufhin, dass erst ein gewisser Zustand durch das Sich-Bemächtigen geschaffen sein muss.

Zu diesem Ergebnis führt **auch ein Vergleich mit dem Drei-Personen-Verhältnis**, also der Situation, dass Bemächtigungsopfer und Genötigter auseinander fallen. Hier wird deutlich, dass in der Bemächtigung ein eigenes von der Nötigung verschiedenes Unrecht enthalten sein muss. Bei der Erweiterung von §§ 239a, 239b auf Zwei-Personen-Verhältnisse hat es der Gesetzgeber versäumt, das auch seinen Vorstellungen[4] entsprechende Erfordernis einer stabilen Zwischenlage in die Neufassung des Gesetzeswortlauts aufzunehmen.
Aus diesen Gründen ist (mit der h.M.[5]) eine gewisse Eigenständigkeit der Bemächtigungslage gegenüber der beabsichtigten Nötigung zu verlangen, die sich durch das Vorliegen einer stabilen Zwischenlage auszeichnet.

bb) Vorliegend hat T die O nur für kurze Zeit zu Boden gedrückt, um ihren Widerstand zu brechen. Damit fehlt es an der Schaffung einer Bemächtigungslage, die gegenüber der mit der Vergewaltigung verbundenen Einschränkung der Bewegungsfreiheit eigenständig ist (a.A. vertretbar). Damit fehlt es an der überschießenden Innentendenz des § 239b I und am subjektiven Tatbestand.

Ergebnis: T hat sich nicht wegen Geiselnahme, § 239b I, strafbar gemacht.

Endergebnis
T hat sich wegen versuchter Nötigung in Tateinheit mit Beleidigung in Tatmehrheit mit Vergewaltigung (Bearbeitervermerk) gemäß §§ 240 I, III, 22, 185, 52; 177 I, IV Nr. 1, 52; 53 strafbar gemacht.

---

[4] BT-Drucks. 11/2834. Solche Zusatzkenntnisse, die für eine historische Auslegung erforderlich sind, werden von Ihnen in der Klausur regelmäßig nicht erwartet.
[5] Über diese Frage hatte der Große Senat des BGH in Strafsachen in einem ähnlichen Fall zu entscheiden: BGHSt 40, 350.

StPO-Zusatzfrage

O hat ihr **Zeugnisverweigerungsrecht als Ehefrau** gemäß § 52 I Nr. 2 StPO, obwohl sie von T getrennt lebt. Falls sie davon Gebrauch macht, muss ihre den T belastende Aussage auf anderem Wege in den Prozess eingeführt werden. O könnte dafür bereits vor der Hauptverhandlung vernommen werden.

1. Da einer Verlesung von Vernehmungsprotokollen in der Hauptverhandlung der Unmittelbarkeitsgrundsatz (vgl. §§ 250 ff. StPO) entgegensteht, kommt nur die Zeugenbefragung einer Person, die O zuvor vernommen hat, in Betracht, wenn diese die Aussage in der Hauptverhandlung verweigert. Hierfür käme zunächst die Vernehmung der O durch eine Ermittlungsperson der Staatsanwaltschaft (§ 152 GVG) in Frage, um letztere in der Hauptverhandlung selbst als Zeuge zu hören. Dies ist mit dem Wortlaut des § 252 StPO, der nur eine Protokollverlesung nach Zeugnisverweigerung untersagt, vereinbar. Jedoch würde der Schutzzweck des § 252 StPO mit einer Befragung einer Verhörsperson umgangen, so dass sie mit der ganz h.M. abzulehnen ist. In § 252 StPO ist „verlesen" als „verwerten" zu verstehen.

2. Wie durch den Verweis in § 255a StPO deutlich wird, kann auch durch eine Videoaufzeichnung dem Beweisverlust durch spätere Zeugnisverweigerung nicht vorgebeugt werden.

3. Als Zeuge kommt aber noch ein Ermittlungsrichter in Betracht, der O zuvor vernommen hat. Zwar unterscheidet er sich nicht durch eine zusätzliche Belehrungspflicht, da § 52 III StPO über §§ 161a, 163a V StPO auch für Staatsanwaltschaft und Polizei gilt. Im Falle der Vernehmung durch einen Ermittlungsrichter kann jedoch davon ausgegangen werden, dass O sich der Konsequenzen ihres Verzichts auf ihr Zeugnisverweigerungsrecht bewusst ist (vgl. auch §§ 153 ff. StGB). Das Recht, in jedem Moment der Aussage das Zeugnis zu verweigern, schließt im Übrigen nicht das Recht ein, eine frühere Aussage gegenüber einem Richter unwirksam werden zu lassen. Schließlich macht das Gesetz auch in §§ 251 II, 254 StPO deutlich, dass es richterlichen Vernehmungen mehr Vertrauen entgegenbringt. Deshalb nimmt der BGH gegen den Widerstand im Schrifttum an, dass **einer Vernehmung eines mitwirkenden Richters trotz Zeugnisverweigerung die Regelung des § 252 StPO nicht entgegensteht**.
Der Staatsanwalt beantragt deshalb am besten die Vernehmung der O durch einen Ermittlungsrichter gemäß §§ 162 StPO i.V.m. 21e I 1 GVG.

Sachverhalt

Als der streitsüchtige Diplomjurist Hansel (H) sieht, dass sein Nachbar Nils (N) einen Gartenzwerg direkt an der Grenze zwischen ihren Grundstücken aufstellt, beschimpft er ihn lauthals als „hirnverbrannte Flachpfeife". Er solle doch gefälligst den hässlichen Gnom da wegnehmen, dessen Anblick ihn in den Augen schmerze. N lässt sich nicht aus der Ruhe bringen und erstattet Anzeige. Während er bei der Polizei ist, springt H über das Blumenbeet, das die Grenzlinie bildet, nimmt den Gartenzwerg und legt ihn auf einen kleinen Stapel von Ästen und Zweigen, die N von den Bäumen in seinem Birkenhain abgesägt und gestapelt hatte. Dann übergießt er alles mit Benzin und zündet seinen kleinen „Gartenzwerg-Scheiterhaufen" an. Dieser brennt komplett ab. Da H im Prozess die Geschehnisse leugnet, wird seine Freundin Feli (F), die bei dem Streit zugegen war, als Zeugin gehört. Als sie vom Richter (R) gefragt wird, was H zu N am besagten Tag gesagt habe, fängt H an, laut herumzupöbeln: „Was fällt Ihnen ein, meine Freundin hier so auszuquetschen? Die hat mit der Sache nichts zu tun. Der Laden hier gleicht ja der Stasi." Als er auch nach mehreren Ermahnungen und der Verhängung von Ordnungsgeld keine Ruhe gibt, lässt der Richter ihn aus dem Sitzungszimmer entfernen.

Als der Justizbeamte Justus (J) den H vor die Tür begleiten will, sagt H zu ihm: „Wenn du mich jetzt hier abführst, werde ich deiner Frau von deinen Jugendsünden erzählen. Die wird sich garantiert von dir trennen." J, der H als einstigen Nebenbuhler um die hübsche Tina wiedererkennt, sinkt betroffen zu Boden, so dass der Kollege des J die richterliche Anordnung vollziehen muss. Auf die nochmalige Frage des Richters an F hinsichtlich des Wortlauts, antwortet diese, dass H den N als „kleinkarierten Vollidioten" bezeichnet habe. Dabei ist sie sicher, dass dies der Fall war. Da H ziemlich häufig seine Nachbarn beschimpft, hätte ihr nicht auffallen können, dass er so nicht N, sondern einen anderen Nachbarn bezeichnet hatte.

Fall 8: Wie hat sich H strafbar gemacht?
Fall 9: Wie hat sich F strafbar gemacht?

Bearbeitervermerk: Strafanträge sind gestellt.

Lösung Fall 8

A. Strafbarkeit des H

I. Strafbarkeit gemäß § 185 I

H könnte sich wegen Beleidigung gemäß § 185 I strafbar gemacht haben, indem er N als „hirnverbrannte Flachpfeife" bezeichnete. Dafür ist erforderlich, dass in der Aussage des H die Kundgabe von Missachtung oder Nichtachtung, also eine Beleidigung liegt. Das ist bei einer solchen ehrrührigen Bezeichnung zu bejahen. H handelte auch vorsätzlich. An Rechtswidrigkeit und Schuld bestehen keine Zweifel.

Ergebnis: H hat sich wegen Beleidigung gemäß § 185 I strafbar gemacht. Der gemäß § 194 I erforderliche Strafantrag ist gestellt.

II. Strafbarkeit gemäß § 123 I

H könnte sich wegen Hausfriedensbruchs gemäß § 123 I strafbar gemacht haben, indem er über das Blumenbeet in den Garten des N gesprungen ist.

H könnte in das befriedete Besitztum eines anderen eingedrungen sein, § 123 I Var. 3. **Befriedetes Besitztum** ist ein Grundstück, wenn es durch zusammenhängende, nicht unbedingt lückenlose Schutzwehren **in äußerlich erkennbarer Weise gegen das willkürliche Betreten durch andere gesichert** ist. Hier sind die Grundstücke durch ein Blumenbeet abgetrennt, das flach genug ist, um es zu überspringen. Damit besteht kein Schutz vor unbefugtem Betreten. Dass H die Grenzlinie kennt, ist unbeachtlich, weil sie objektiv erkennbar sein muss. Deshalb liegt kein befriedetes Besitztum vor.

Ergebnis: H hat sich nicht wegen Hausfriedensbruchs gemäß § 123 I strafbar gemacht.

III. Strafbarkeit gemäß § 306 I

H könnte sich wegen Brandstiftung gemäß § 306 I Nr. 6 strafbar gemacht haben, indem er den Holzstapel mit dem Gartenzwerg angezündet hat.

In Betracht kommt ein Inbrandsetzen von forstwirtschaftlichen Erzeugnissen. Das sind solche der planmäßigen Nutzung von Waldflächen. Fraglich ist, ob die von N abgesägten Zweige und Äste unter diesen Begriff fallen. Nach dem Wortlaut ist zwar auch eine kleine Menge Holz umfasst, jedoch ist angesichts der Strafdrohung (Verbrechen, § 12 I) und der begrifflichen Weite der Norm der Tatbestand teleologisch zu reduzieren. Dafür spricht, dass es sich bei § 306 I um einen Spezialfall der Sachbeschädigung handelt, bei dem eine besondere Gemeingefährlichkeit angenommen wird. An dieser fehlt es, wenn es lediglich um Sachen geringen Werts geht, so dass diese Fälle aus dem Schutzbereich von § 306 I auszunehmen sind. Damit ist der Holzstapel kein taugliches Tatobjekt i.S.d. § 306 I Nr. 6.

Ergebnis: H hat sich nicht wegen Brandstiftung gemäß § 306 I Nr. 6 strafbar gemacht.

IV. Strafbarkeit gemäß § 303 I

Indem er den Holzstapel mit dem Gartenzwerg angezündet hat, könnte sich H wegen Sachbeschädigung gemäß § 303 I strafbar gemacht haben.

Dazu müsste eine **fremde Sache** betroffen sein. Gartenzwerg und Holz sind im Eigentum des N stehende, also für H fremde Sachen i.S.d. § 90 BGB. H müsste sie beschädigt oder zerstört haben. Unter **Beschädigung** versteht man eine durch Substanzeinwirkung entstandene Beeinträchtigung der Unversehrtheit oder Nutzbarkeit. Durch das Verbrennen von Gartenzwerg und Holz sind diese nicht mehr nutzbar. Deshalb kommt darüber hinaus eine **Zerstörung**, also eine Existenzvernichtung, in Betracht. Da nur noch Asche vom „Scheiterhaufen" übrig bleibt, sind Holz und Gartenzwerg auch zerstört. Da H in Kenntnis der Tatumstände die Tatbestandsverwirklichung wollte, handelte er vorsätzlich. H handelte rechtswidrig und schuldhaft.[6]

Ergebnis: H hat sich wegen Sachbeschädigung gemäß § 303 I strafbar gemacht.

V. Strafbarkeit gemäß § 185 I

H könnte sich wegen Beleidigung gemäß § 185 I strafbar gemacht haben, indem er gegenüber dem Richter sagte, dass der „Laden" der Stasi gleiche.

1. Tatbestand

a) Objektiver Tatbestand

Es müsste eine Beleidigung, also die Kundgabe von Missachtung oder Nichtachtung vorliegen. Beleidigungsfähig sind nur Menschen, weil nur diese in ihrer Ehre verletzt sein können. Hier hat H gesagt, dass der „Laden" der Stasi gleiche. Diese Aussage ist nach dem **objektiven Empfängerhorizont** auszulegen. Mit dem „Laden" ist, wie der Kontext zeigt, das Gericht gemeint. Allerdings ist fraglich, ob H das **Kollektiv**, also alle Justizangestellten und Richter des Gerichts, meinte oder lediglich den R als **Individuum**. Für die letztgenannte Auslegungsalternative spricht zwar, dass H

---

[6] Diese Prüfung müssen Sie in Fortgeschrittenenklausuren kürzer fassen. „Bei § 303 reicht ein Satz aus!", so Prof. Geppert (FU Berlin) zu seinen Studenten. In der Tat: Hier liegen in 95 % der Fälle keine Probleme!

den R zuvor direkt angeredet hatte, jedoch spricht der Begriff „Stasi" für die Einschließung der gesamten Institution (a.A. vertretbar). Damit stellt sich das Problem, ob R unter der Kollektivbezeichnung „Laden" bzw. Gericht beleidigt werden kann. Dies ist dann zu bejahen, wenn der Kreis möglicher Adressaten hinreichend bestimmt ist. Da vorliegend nicht die Justiz im Allgemeinen, sondern nur das betreffende Amtsgericht („der Laden ***hier***") gemeint war, lässt sich ein hinreichend enger Personenkreis abgrenzen, der gemeint war. Da hierzu der R jedenfalls zählte, liegt eine gegen ihn gerichtete Beleidigung vor.

b) Subjektiver Tatbestand

H handelte mit Wissen und Wollen hinsichtlich der Tatbestandsverwirklichung, also vorsätzlich.

2. Rechtswidrigkeit / Schuld

Er handelte rechtswidrig und schuldhaft.

Ergebnis: H hat sich wegen Beleidigung gemäß § 185 I strafbar gemacht. Der nach § 194 I erforderliche Strafantrag ist gestellt.

VI. Strafbarkeit gemäß § 113 I

H könnte sich wegen Widerstands gegen Vollstreckungsbeamte gemäß § 113 I strafbar gemacht haben, indem er dem J sagte, dass er seiner Ehefrau von seinen Jugendsünden erzählen werde. J ist als Justizbeamter ein Amtsträger i.S.d. § 11 I Nr. 2a. J müsste dabei gewesen sein, eine Vollstreckungsmaßnahme durchzuführen. **Vollstreckungsmaßnahme** ist jede einzelfallbezogene Tätigkeit eines Amtsträgers zur Durchsetzung des Staatsinteresses. Indem er die richterliche Anordnung gemäß §§ 177 S. 1 GVG, 231b StPO vollstrecken wollte, hatte J vor, eine Vollstreckungsmaßnahme auszuführen. Dem müsste H mit Gewalt oder durch Drohung mit Gewalt Widerstand geleistet haben. Gewalt ist körperlich wirkender Zwang. H hat jedoch durch das Inaussichtstellen einer unangenehmen Mitteilung an die Ehefrau des J weder Gewalt angewendet noch mit Gewalt gedroht. Damit hat er keinen Widerstand im Sinne des § 113 I geleistet.

Ergebnis: H hat sich nicht wegen Widerstands gegen Vollstreckungsbeamte gemäß § 113 I strafbar gemacht.

VII. Strafbarkeit gemäß § 240 I

H könnte sich wegen Nötigung gemäß § 240 I strafbar gemacht haben, indem er dem J sagte, dass er seiner Ehefrau von seinen Jugendsünden erzählen werde.

1. Tatbestand

a) Objektiver Tatbestand

Dazu müsste zuerst eine **Nötigungshandlung** vorliegen. In Betracht kommt eine Drohung mit einem empfindlichen Übel. **Drohung** ist das Inaussichtstellen eines empfindlichen Übels, auf dessen Eintritt der Drohende Einfluss zu haben vorgibt. Dabei zeichnet sich ein empfindliches Übel durch die damit verbundene erhebliche Werteinbuße aus. H stellt dem J in Aussicht, dass er seiner Frau von seinen Jugendsünden erzählen werde, mit der Folge, dass sie sich von ihm trennen wird. Ungeachtet dessen, ob H dieses Übel tatsächlich herbeiführen kann, handelt es sich somit um eine Drohung.

In Betracht käme als Nötigungsmittel zudem eine **Ausübung von Gewalt in Form der vis compulsiva**. Darunter versteht man die Schaffung einer psychischen Zwangslage durch körperlich wirkende Druckmittel. Auch wenn J hier betroffen zusammensank, sollte er durch Vorspiegelung eines zukünftigen und nicht eines gegenwärtigen Übels zu einem Unterlassen gedrängt werden. Deshalb ist im Verhalten des H lediglich eine Drohung zu erblicken.

H müsste derart einen **Nötigungserfolg**, also eine Handlung, Duldung oder Unterlassung herbeigeführt haben. Hier ist **kausale Folge des Aussprechens** der Drohung gegenüber J, dass dieser sich außerstande sieht, die Anordnung zu vollziehen. Folglich hat H einen Nötigungserfolg bei ihm erzielt.

b) Subjektiver Tatbestand

Da H mit Wissen und Wollen hinsichtlich der Tatbestandsverwirklichung handelte, hatte er Vorsatz.

2. Rechtswidrigkeit

Es greifen keine Rechtfertigungsgründe ein. Das Handeln des H müsste aber überdies **verwerflich i.S.d. § 240 II** sein. Das ist der Fall, wenn der Zweck, das Mittel oder die Verbindung beider missbilligenswert ist. Sowohl die Verhinderung der Vollziehung einer richterlichen Anordnung (Zweck) als auch die Drohung mit der Diffamierung beim Ehepartner (Mittel) und damit auch ihre Verbindung (Zweck-Mittel-Relation) sind sozial unerträglich, also verwerflich.

3. Schuld

H handelte schuldhaft.

4. Sperrung des Rückgriffs auf § 240 I

Die Strafbarkeitsvoraussetzungen des § 240 I liegen damit vor. Problematisch ist aber, ob der Rückgriff auf § 240 I möglich ist, wenn eine Strafbarkeit gemäß § 113 I ausscheidet (s.o.). Einerseits wird angenommen, dass § 113 I als spezieller Privilegierungstatbestand die Anwendung von § 240 I ausschließt. Demzufolge käme hier keine Bestrafung des H wegen Nötigung in Betracht. Andererseits wird vorgeschlagen, dass **§ 240 I mit der Maßgabe anwendbar sei, dass §§ 113 III, IV analog heranzuziehen** sind. Da hier die Vollstreckung der richterlichen Anordnung gemäß §§ 177 S. 1 GVG, 231b StPO durch J rechtmäßig war, käme diese Ansicht zu einer Bestrafung, würde dabei aber nur den Strafrahmen von § 113 I anwenden. Aufgrund voneinander abweichender Ergebnisse, ist der Streit zu entscheiden. Auf den ersten Blick erscheint es inadäquat, einem Vertreter der Staatsgewalt einen niedrigeren Schutz bei Drohungen mit einem empfindlichen Übel zugute kommen zu lassen als einem anderen Bürger. Jedoch hat der Gesetzgeber ausdrücklich bezweckt, den Bürger, der mit einer Vollstreckungshandlung konfrontiert wird, aufgrund der sich daraus für ihn ergebenden schwierigen Situation zu privilegieren. Die Spezialregelung, die mit § 113 I geschaffen wurde, darf deshalb **nicht auf dem Umweg über § 240 I unterlaufen** werden. Da hier eine Situation i.S.d. § 113 I vorliegt, ist ein Rückgriff auf § 240 I mithin nicht möglich.

Ergebnis: H hat sich nicht wegen Nötigung gemäß § 240 I strafbar gemacht.

VIII. Strafbarkeit gemäß §§ 185 I, 192

H könnte sich wegen einer Formalbeleidigung gemäß §§ 185 I, 192 strafbar gemacht haben, indem er J mit der Verbreitung seiner Jugendsünden drohte. Grundsätzlich käme wohl nur eine sich aus den Umständen ergebende Beleidigung i.S.d. § 192 in Betracht, weil der Bericht über Jugendsünden des H wahrheitsgetreu ist. Allerdings reicht die bloße Androhung derselben nicht aus, um eine Beleidigung zu bejahen, weil diese noch nicht zu einer Ehrverletzung führt.

Ergebnis: H hat sich nicht wegen Beleidigung gemäß §§ 185 I, 192 strafbar gemacht.

Endergebnis und Konkurrenzen

H hat sich tatmehrheitlich wegen Beleidigung in zwei Fällen und Sachbeschädigung gemäß §§ 185 I, 303 I, 53 strafbar gemacht.

Lösung Fall 9

Strafbarkeit der F

I. Strafbarkeit gemäß § 153 I

F könnte sich wegen uneidlicher Falschaussage gemäß § 153 I strafbar gemacht haben, indem sie vor Gericht ausgesagt hat, dass H seinen Nachbarn als „kleinkarierten Vollidioten" bezeichnet habe.

1. Tatbestand

a) Objektiver Tatbestand

Es liegt eine Erklärung vor einem Gericht vor. Da sie nicht mit einem Eid bekräftigt wurde, scheidet eine Strafbarkeit gemäß §§ 154 I, 163 I aus. Die Aussage müsste falsch sein. F hat die beleidigende Bemerkung des H gegenüber N objektiv falsch wiedergegeben. Problematisch ist, ob dies schon zu einer Falschheit der Aussage i.S.d. § 153 I und damit u.U. zu einer Bestrafung führen kann. Dies bejaht eine erste Ansicht, die einen **objektiven Maßstab bei der Beurteilung der Falschheit einer Aussage anlegt**, diese also bejaht, wenn der Aussagegehalt nicht mit der Realität übereinstimmt, so wie es hier der Fall ist. Eine andere Ansicht interpretiert das Merkmal der Falschheit **subjektiv** und verlangt ein Auseinanderfallen von Aussageinhalt und Wissen. Da F im Moment der Aussage von deren Richtigkeit überzeugt ist, wäre hiernach eine Falschaussage zu verneinen. Schließlich sieht eine weitere Ansicht eine Aussage dann als falsch an, wenn der Gedächtnisinhalt nicht kritisch überprüft wurde, um eine Verletzung der Wahrheitspflicht im Prozess zu vermeiden. Da F auch bei längerem Nachdenken ihr Irrtum nicht aufgefallen wäre, läge keine falsche Aussage vor. Da die Ansichten zu unterschiedlichen Ergebnissen im konkreten Fall führen, ist der Streit zwischen ihnen zu entscheiden.

Da es nur möglich ist, über eine eigene Wahrnehmung der Realität, nicht aber über die Realität selbst zu berichten, liegt es nahe, auf eine subjektive Sichtweise abzustellen und den Gedächtnisinhalt als Maßstab für die Wahrheit heranzuziehen. Jedoch können Fehlleistungen der Wahrnehmung oder des Gedächtnisabrufs beim subjektiven Tatbestand Berücksichtigung finden und den Vorsatz bzw. bei pflichtgemäßer Anstrengung des Gedächtnisses auch den Fahrlässigkeitsvorwurf (sofern die fahrlässige Begehung unter Strafe steht) entfallen lassen. **Dies zeigt auch § 163, denn eine fahrlässige Abweichung von der eigenen Überzeugung ist nicht denkbar**. Dem steht auch nicht die Eidesformel nach §§ 64, 65 StPO entgegen, da die Formulierung „nach bestem Wissen" ebenfalls die subjektive Tatseite meint. Da die erkenntnistheoretischen Schwierigkeiten im subjektiven Tatbestand aufgelöst werden, ist bei der Bewertung der Falschheit einer Aussage ein objektiver Maßstab anzulegen. F hat demnach eine falsche Aussage getätigt.

b) Subjektiver Tatbestand

F müsste vorsätzlich gehandelt haben. Für den Vorsatz ist bei Aussagedelikten das Bewusstsein erforderlich, etwas Unwahres ausgesagt oder eine beweiserhebliche, zum Vernehmungsgegenstand gehörende Tatsache verschwiegen zu haben. Da F sich sicher ist, die Wahrheit zu sagen, handelte sie ohne Vorsatz.

2. Ergebnis: F hat sich nicht wegen uneidlicher Falschaussage gemäß § 153 I strafbar gemacht.

Fall 10 + 11

Sachverhalt

Nach einem Discobesuch bittet Martin (M), der keinen Führerschein hat, seinen Bruder Karsten (K), ihn doch dessen Auto nach Hause steuern zu lassen. K, der schon tüchtig „einen im Tee hat" (BAK von 1,2 ‰) denkt sich „Wer keinen Lappen hat, kann ihn auch nicht verlieren", und hält es für vernünftiger, M fahren zu lassen. Außerdem weiß er, dass dieser deutlich weniger getrunken hat als er selbst (BAK von 0,5 ‰). Zuerst steuert M, der sich als „noch fit genug zum Autofahren" einschätzt, das Fahrzeug sicher. Als er jedoch an einer gut abgesicherten Baustelle mit Tempo 40, anstatt - wie angeordnet - mit 30 km/h, vorbeifährt, fährt er versehentlich gegen ein Absperrungsgitter, an dem Schäden in Höhe von 100 Euro entstehen. M lässt sich nicht irritieren, schiebt die Schuld für den Unfall auf den letzten Schnaps, und fährt noch einen Kilometer weiter, bevor K, der Angst um seinen schönen Toyota AYGO bekommt, ihn auffordert, ihn selbst weiterfahren zu lassen. Das Auto hat von der Kollision schon eine hässliche Beule, deren Beseitigung 1500 Euro kostet.

Auf die Hinweise anderer Verkehrsteilnehmer hin hat die Polizei von dem Toyota AYGO Kenntnis erlangt. Nachdem der Polizeibeamte P das Fahrzeug aus dem Verkehr gezogen hat, fragt er den auf der Fahrerseite aussteigenden K, ob er die ganze Zeit das Fahrzeug geführt habe, was dieser bejaht. Daraufhin bittet P den K, zum Streifenwagen zu einem Atem-Alkoholtest mitzukommen. Als K daraufhin mit P darüber zu diskutieren beginnt, dass er dies nicht zu dulden brauche, nutzt M den unbemerkten Moment, um sich heimlich davonzumachen.

Fall 10: Wie hat sich M strafbar gemacht?
Fall 11: Wie hat sich K strafbar gemacht?

StPO - Zusatzfragen

Hat K mit der Ansicht Recht, dass er den Atem-Alkoholtest nicht zu dulden braucht? Auf welche andere Weise kann die BAK ermittelt werden?

Lösung Fall 10

Strafbarkeit des M

I. Strafbarkeit gemäß § 21 I Nr. 1 StVG

M könnte sich wegen Fahrens ohne Fahrerlaubnis gemäß § 21 I Nr. 1 StVG strafbar gemacht haben, indem er den Toyota AYGO des K gefahren hat, ohne einen Führerschein zu haben. Der Toyota AYGO ist ein Kraftfahrzeug. Für das Führen eines Autos ist eine Fahrerlaubnis erforderlich, die M laut Sachverhalt nicht hatte. Da er dies auch wusste, handelte er vorsätzlich (dolus directus II. Grades). An Rechtswidrigkeit und Schuld bestehen keine Bedenken.

Ergebnis: M hat sich wegen Fahrens ohne Fahrerlaubnis gemäß § 21 I Nr. 1 StVG strafbar gemacht.

II. Strafbarkeit gemäß § 316 II

M könnte sich wegen fahrlässiger Trunkenheit im Verkehr gemäß § 316 II strafbar gemacht haben, indem er mit einer BAK von 0,5 ‰ von der Disco aus losfuhr.

1. Tatbestand

a) Objektiver Tatbestand

Dazu müsste M zunächst ein **Fahrzeug geführt** haben, also es zu Fahrzwecken unmittelbar in Bewegung gesetzt haben. Indem er den Toyota AYGO gesteuert hat, hat M ein Fahrzeug geführt. Dies hat er auch im **Verkehr** getan.
M müsste sich auch in einem fahruntüchtigen Zustand befunden haben. In Betracht kommt hier eine **relative Fahruntüchtigkeit**, die vorliegt, wenn bei einer BAK über 0,3 ‰ alkoholtypische Fahrfehler auftreten. Dabei sind die Anforderungen an den Fahrfehler umso geringer, je höher die Alkoholkonzentration ist. Vorliegend kommt zunächst die Geschwindigkeitsübertretung in Betracht. Angesichts dessen, dass M die erlaubte Schwelle nur leicht überschritten hat und viele Autofahrer bei Baustellen die Geschwindigkeit nicht drosseln, ist hierin nicht bereits ein alkoholbedingter Fahrfehler zu erblicken (a.A. vertretbar). Jedoch ist die Kollision mit dem Absperrungsgitter bei einer gut abgesicherten Baustelle ein deutlicher Hinweis auf eine Einschränkung der Wahrnehmung und der Reaktionsfähigkeit. Also ergibt sich aus der Gesamtbetrachtung von Fahrverhalten und Blutalkoholkonzentration hier die relative Fahruntüchtigkeit.

b) Subjektiver Tatbestand

Da der Vorsatz i.S.d. §§ 316 I, 15 auch die Fahruntüchtigkeit umfassen muss, kommt hier bei M, der sich als „noch fit genug zum Autofahren“ einschätzte, nur fahrlässiges Handeln (§ 316 II) in Betracht. Fahrlässig handelt, wem eine Sorgfaltspflichtverletzung vorzuwerfen ist. Wer Alkohol getrunken hat, hat die Pflicht, sicherzustellen, dass er fahrtüchtig ist. Dass M sich für „noch fit genug" hielt, zeigt, dass er sich seiner Alkoholisierung bewusst war, so dass er sich seiner Fahrtüchtigkeit hätte vergewissern müssen. Diese Pflicht hat M vorliegend verletzt.

2. Rechtswidrigkeit / Schuld

M handelte rechtswidrig und schuldhaft.

Ergebnis: M hat sich wegen fahrlässiger Trunkenheit im Verkehr gemäß § 316 II strafbar gemacht, indem er von der Disco aus mit dem Toyota AYGO bei einer BAK von 0,5 ‰ losgefahren ist.

III. Strafbarkeit gemäß § 315c I Nr. 1a, III Nr. 2

M könnte sich wegen fahrlässiger Gefährdung des Straßenverkehrs gemäß §§ 315c I Nr. 1a, III Nr. 2 strafbar gemacht haben, indem er im alkoholisierten Zustand mit dem Absperrungsgitter kollidiert ist.
M führte, wie bei der Strafbarkeit von § 316 II gezeigt, fahrlässig ein Fahrzeug im fahruntüchtigen Zustand.

Allerdings müsste er dadurch auch eine **konkrete Gefahr** für Leib oder Leben eines anderen Menschen oder eine fremde Sache von bedeutendem Wert verursacht haben. Da K nicht gefährdet wurde, kann dahinstehen, ob ein Beifahrer taugliches Gefährdungsopfer bei § 315c ist. In Betracht kommt lediglich die Gefährdung einer Sache von bedeutendem Wert. Dabei legt die Rechtsprechung eine Untergrenze von 750 Euro zugrunde.[7] Am Absperrungsgitter sind Schäden in Höhe von 100 Euro entstanden. Insoweit hat sich eine konkrete Gefahr sogar realisiert. Es ergeben sich keine Anhaltspunkte dafür, dass die konkrete Gefahr für den Sachwert noch weiter reichte. Damit ist die Schwelle des bedeutenden Werts nicht erreicht. Etwas anderes ergibt sich auch nicht, wenn man die Schäden am Auto berücksichtigt, da Werteinbußen an diesem nicht in die Berechnung miteinbezogen werden dürfen, da das Auto notwendiges Tatmittel ist. Also ist keine konkrete Gefährdung für eine fremde Sache von bedeutendem Wert durch das Führen des Fahrzeugs im fahruntüchtigen Zustand hervorgerufen worden.

Ergebnis: M hat sich nicht wegen fahrlässiger Straßenverkehrsgefährdung strafbar gemacht.

IV. Strafbarkeit gemäß § 303 I

Eine Strafbarkeit wegen Sachbeschädigung durch die Zerstörungen am Auto und am Absperrungsgitter scheitert am mangelnden Vorsatz des M.

Ergebnis: M hat sich nicht wegen Sachbeschädigung gemäß § 303 I strafbar gemacht.

---

[7] BGHSt 48, 119 (121).

V. Strafbarkeit gemäß § 142 I Nr. 2

M könnte sich wegen unerlaubten Entfernens vom Unfallort gemäß § 142 I Nr. 2 strafbar gemacht haben, indem er nach der Kollision mit dem Absperrungsgitter weitergefahren ist.

1. Tatbestand

a) Objektiver Tatbestand

aa) Zuerst müsste ein **Unfall im Straßenverkehr** vorliegen. Ein Verkehrsunfall ist ein pflichtwidriges, vom normalen Verkehrsablauf abweichendes plötzliches Ereignis im öffentlichen Straßenverkehr mit schädlichen Auswirkungen, bei dem ein nicht ganz unerheblicher Personen- oder Sachschaden entstanden ist. Vorliegend ist M unvorhergesehen gegen das Absperrungsgitter gefahren. Da daran ein Sachschaden von 100 Euro entstanden ist, ist die Bagatellgrenze[8] überschritten. Es liegt also ein Unfall im Straßenverkehr vor.
bb) Als Fahrer des Unfallwagens ist M jedenfalls **Unfallbeteiligter** i.S.v. § 142 V.
cc) M müsste sich vom Unfallort entfernt haben, ohne eine angemessene Zeit auf eine feststellungsbereite Person **gewartet** zu haben. Vorliegend ist unerheblich, wie lange M hätte warten müssen, um der Wartepflicht zu genügen, da er sofort weitergefahren ist. Damit hat er § 142 I Nr. 2 objektiv verwirklicht.[9]

2. Subjektiver Tatbestand

Da M mit Wissen und Wollen hinsichtlich der Tatbestandsverwirklichung gehandelt hat, hatte er Vorsatz.

3. Rechtswidrigkeit / Schuld

M handelte rechtswidrig und schuldhaft.

Ergebnis: M hat sich wegen unerlaubten Entfernens vom Unfallort nach § 142 I Nr. 2 strafbar gemacht.

VI. Strafbarkeit gemäß § 316 I

M könnte sich wegen <u>vorsätzlicher</u> Trunkenheit im Verkehr strafbar gemacht haben, indem er nach dem Unfall die Fahrt 1 km lang fortsetzte.
M führte im fahruntüchtigen Zustand ein Fahrzeug im Verkehr (s.o.)

Er müsste auch vorsätzlich gehandelt haben. Vorsatz ist das Wollen der Tatbestandsverwirklichung in Kenntnis aller Tatumstände. M handelte jedenfalls

---

[8] Nach der Rspr. bei ca. 20 -25 Euro.

[9] Achtung! M kann sich nicht darauf berufen, dass er die Feststellungen unverzüglich nachgeholt hätte, denn dies setzt voraus, dass er sich **befugt** vom Unfallort entfernt hat (§ 142 II).

vorsätzlich hinsichtlich des Führens eines Fahrzeugs im Verkehr. Er müsste aber auch Vorsatz hinsichtlich seiner Fahruntüchtigkeit gehabt haben. Aufgrund des Unfalls hat M bemerkt, dass er fahruntüchtig ist. Er hat den Unfall sogar ausdrücklich mit dem letzten Schnaps in Zusammenhang gebracht. Damit handelte er vorsätzlich hinsichtlich seiner Fahruntüchtigkeit, als er nach dem Unfall weiterfuhr. M handelte rechtswidrig und schuldhaft.

Ergebnis: M hat sich wegen vorsätzlicher Trunkenheit im Verkehr gemäß § 316 I strafbar gemacht, indem er nach dem Unfall weitergefahren ist.

Lösung Fall 11

Strafbarkeit des K

I. Strafbarkeit gemäß § 21 I Nr. 2 StVG

K könnte sich wegen Fahrens ohne Fahrerlaubnis gemäß § 21 I Nr. 2 StVG strafbar gemacht haben, indem er M sein Auto steuern ließ.

1. Tatbestand

a) Objektiver Tatbestand

K ist bei lebensnaher Sachverhaltsauslegung Fahrzeughalter. Indem er M erlaubte, seinen Toyota AYGO zu fahren, ließ er zu, dass jemand das Fahrzeug führte, der die dazu erforderliche Fahrerlaubnis nicht hat. Der objektive Tatbestand liegt somit vor.

b) Subjektiver Tatbestand

K handelte vorsätzlich, insbesondere auch hinsichtlich der fehlenden Fahrerlaubnis seines Bruders.

2. Rechtswidrigkeit

K handelte rechtswidrig. Insbesondere kann er sich nicht auf einen rechtfertigenden Notstand berufen, da das Überlassen des Fahrzeugs an einen weniger Betrunkenen jedenfalls kein angemessenes Mittel ist.

3. Schuld

K müsste schuldhaft gehandelt haben. Das setzt voraus, dass keine Entschuldigungs- oder Schuldausschließungsgründe in Betracht kommen. Eine verminderte Schuldfähigkeit i.S.d. § 21 kommt regelmäßig unterhalb einer BAK von 2,0 ‰ nicht in Betracht. K hatte eine BAK von 1,2 ‰, handelte also schuldhaft.

Ergebnis: K hat sich wegen Fahrens ohne Fahrerlaubnis gemäß § 21 I Nr. 2 StVG strafbar gemacht.

II. Strafbarkeit gemäß § 142 I Nr. 2

K könnte sich wegen unerlaubten Entfernens vom Unfallort gemäß § 142 I Nr. 2 strafbar gemacht haben, indem er gemeinsam mit M nach der Kollision mit dem Absperrungsgitter weiterfuhr. Wie gezeigt, liegt ein Unfall im Straßenverkehr vor. K müsste auch **Unfallbeteiligter i.S.d. § 142 V** sein. Danach ist Unfallbeteiligter, wessen Verhalten nach den Umständen zur Verursachung des Unfalls beigetragen haben kann. In Betracht kommt demnach auch ein **Beifahrer**, wenn Anhaltspunkte dafür vorliegen, dass sein Verhalten in der Unfallsituation den Unfall mitverursacht hat. Jedoch kann es nicht allein genügen, wenn der Beifahrer als Halter des Fahrzeugs dem Fahrer das Führen gestattet hat. Vorliegend liegt die Besonderheit vor, dass K einer alkoholisierten Person das Führen seines Fahrzeugs gestattet hat, was zum Unfall geführt hat. Deshalb spricht für seine Qualifizierung als Unfallbeteiligter, dass seine Übergabe der Schlüssel *condicio sine qua non* für den Unfall war. **Allerdings kann man K aus der konkreten Unfallsituation hinwegdenken, ohne dass sich am Geschehen an der Baustelle etwas ändern würde.** Damit kann das Verhalten des K nicht nach den Umständen zur Verursachung des Unfalls beigetragen haben. K war damit nicht Unfallbeteiligter i.S.d. § 142 V.

Ergebnis: K hat sich folglich nicht wegen unerlaubten Entfernens vom Unfallort strafbar gemacht.

III. Strafbarkeit gemäß § 316 I

K könnte sich gemäß § 316 I wegen vorsätzlicher Trunkenheit im Verkehr strafbar gemacht haben, indem er 1 km nach dem Unfall selbst weiterfuhr. K führte damit ein Fahrzeug im Verkehr. Er war mit einer BAK von 1,2 ‰ auch absolut fahruntüchtig.[10] Indem er in Kenntnis aller Tatumstände, insbesondere auch seiner Fahruntüchtigkeit, die Tatbestandsverwirklichung wollte, handelte er vorsätzlich. K handelte auch rechtswidrig und schuldhaft.

Ergebnis: K ist gemäß § 316 I der vorsätzlichen Trunkenheit im Verkehr strafbar.

IV. Strafbarkeit gemäß § 258 I

K könnte sich wegen Strafvereitelung gemäß § 258 I strafbar gemacht haben. Indem er behauptet, er sei die gesamte Zeit gefahren, verhindert K absichtlich und wissentlich die Bestrafung des M wegen mehrerer Straßenverkehrsdelikte (s.o.) und vereitelt damit die Verfolgung rechtswidriger Taten i.S.d. § 11 I Nr. 5. Allerdings ist K gemäß § 258 VI straffrei, weil sein Bruder Angehöriger i.S.d. § 11 I Nr. 1a ist.

Ergebnis: K hat sich nicht wegen Strafvereitelung gemäß § 258 I strafbar gemacht.

---

10 Grenzwert für Kraftfahrer: BAK von 1,1 %o (unwiderlegliche Annahme von Fahruntüchtigkeit), festgelegt durch BGHSt 37,89. Vgl. die Grenzwerte auch für Radfahrer usw. im Juristischen Grundkurs „Strafprozessrecht – mit 40 typischen StPO-Zusatzfragen“ von Jochen Zenthöfer.

V. Strafbarkeit gemäß § 164 I

K könnte sich wegen Falschverdächtigung gemäß § 164 I strafbar gemacht haben, indem er so tat, als ob er selbst den Unfall in der Baustelle verursacht habe. Allerdings ist taugliches Tatopfer nur eine andere Person, nicht aber der Verdächtigende selbst.

Ergebnis: K hat sich nicht wegen Falschverdächtigung gemäß § 164 I strafbar gemacht.

VI. Strafbarkeit gemäß § 145 d II Nr. 1

K könnte sich wegen Vortäuschens einer Straftat gemäß § 145d II Nr. 1 strafbar gemacht haben, indem er so tat, als ob er selbst den Unfall in der Baustelle verursacht habe.

1. Tatbestand

a) Objektiver Tatbestand

In objektiver Hinsicht ist erforderlich, dass K über den Beteiligten an einer rechtswidrigen Tat zu täuschen gesucht hat. Damit sind Fälle erfasst, in denen die Ermittlungstätigkeit in eine falsche Richtung geführt wird. Hier wird P zu Ermittlungen gegen K veranlasst. Damit liegt eine Täuschung über einen Tatbeteiligten vor. P ist eine Behörde i.S.d. § 11 I Nr. 7.

b) Subjektiver Tatbestand

K handelte mit Wissen und Wollen hinsichtlich der Tatbestandsverwirklichung, also vorsätzlich. Er müsste auch wider besseres Wissen zu täuschen gesucht haben. K wusste, dass M und nicht er selbst anfangs das Fahrzeug geführt hatte, täuschte mithin wider besseres Wissen.

2. Rechtswidrigkeit und Schuld

K handelte rechtswidrig und schuldhaft.

3. Persönlicher Strafausschließungsgrund

Es könnte eine analoge Anwendung des **Angehörigenprivilegs** des § 258 VI in Betracht kommen. Obwohl die Zwangslage des Angehörigen im vorliegenden Fall des § 145d mit der bei § 258 vergleichbar ist, scheitert eine analoge Heranziehung von § 258 VI an der anders lautenden gesetzgeberischen Entscheidung, die daran erkennbar ist, dass in das ausdifferenzierte System der Angehörigenprivilegierungen (vgl. auch § 157 I) § 145d nicht aufgenommen wurde. Mangels Regelungslücke kommt eine analoge Anwendung von § 258 VI somit nicht in Betracht.

Ergebnis: K hat sich wegen Vortäuschens einer Straftat gemäß § 145d II Nr. 1 strafbar gemacht.

Endergebnis und Konkurrenzen

M hat sich wegen fahrlässiger Trunkenheit im Verkehr in Tatmehrheit mit tateinheitlich begangenem Entfernen vom Unfallort und vorsätzlicher Trunkenheit im Verkehr strafbar gemacht, §§ 316 II; 142 I Nr. 2, 316 I, 52; 53. Eine **Verklammerung** durch das während der ganzen Fahrt begangene Fahren ohne Fahrerlaubnis gemäß § 21 I Nr. 1 StVG ist nicht möglich, weil dieser keine höhere Strafandrohung als die anderen Delikte hat.

K hat sich wegen in Realkonkurrenz zueinander stehendem Fahren ohne Fahrerlaubnis, vorsätzlicher Trunkenheit im Verkehr und Vortäuschen einer Straftat gemäß §§ 21 I Nr. 2 StVG, 316 I, 145d II Nr. 1, 53 strafbar gemacht.

StPO-Zusatzfrage

Aus dem Satz des „**nemo tenetur** se ipsum accusare" (niemand darf gezwungen werden, sich selbst zu belasten), der Ausfluss der Unschuldsvermutung ist, folgt, dass K nicht gezwungen werden darf, durch das Pusten in das Atemalkoholprüfgerät an seiner eigenen Überführung mitzuwirken.

Allerdings kann gemäß § 81a StPO eine Blutabnahme durch einen Arzt zur Feststellung der BAK erfolgen. In Eilfällen, wie er hier wohl vorliegt, kann dies auch durch P als Ermittlungsperson der StA gemäß § 81a II StPO angeordnet werden. Dass K diese ärztliche Untersuchung erdulden muss, verletzt nicht den nemo-tenetur-Satz.

Fall 12 + 13

Sachverhalt

An einem Novemberabend kurz vor Geschäftsschluss betritt Albert (A) den Juwelierladen des Jupp (J) und lässt sich Diamantringe, Colliers und teure Uhren zeigen. Plötzlich gibt es einen Knall und die Türscheibe geht zu Bruch. Im Türrahmen liegt scheinbar leblos Bernhard (B), der mit einem Motorrad gegen die Glastür gefahren war. Das Motorrad wird dadurch verbogen. B hatte das Motorrad kurz vorher entwendet. A und B hatten verabredet, dass B das Motorrad gegen die Glastür steuert, um J abzulenken. Der Plan geht auf. J glaubt, B habe sich eine schwere Verletzung zugezogen und liege im Sterben. Schnell eilt er in sein hinter dem Ladenraum liegendes Büro, um einen Krankenwagen zu rufen. Dies nutzt A, um den Schmuck einzustecken. Plötzlich wird B quicklebendig. A und B fliehen mit der Beute, die sie untereinander aufteilen. Der Eigentümer des Motorrads wird ermittelt und kann das Fahrzeug problemlos für 50 Euro reparieren lassen.

Wie haben sich A (Fall 12) und B (Fall 13) strafbar gemacht?

Bearbeitervermerk: § 145 ist nicht zu prüfen.

Lösung Fall 12 und 13

[Anmerkung zum Aufbau: Aufgrund der Tatsache, dass A und B jeweils unterschiedliche Delikte eigenständig verwirklicht haben, die aber aufgrund des gemeinsamen Tatplans dem jeweils anderen zugerechnet werden, kann im Aufbau nicht in einem Teil die Strafbarkeit des A und in dem anderen Teil die Strafbarkeit des B geprüft werden. **Stattdessen wird immer der Handelnde geprüft und dann dessen Handlung dem anderen zugerechnet.**]

I. Strafbarkeit des A wegen besonders schweren Bandendiebstahls gemäß §§ 242 I, 244 I Nr. 2, 243 I Nr. 6 Var. 2

A könnte sich wegen besonders schweren Bandendiebstahls gemäß §§ 242 I, 244 I Nr.2, 243 II Nr.6 Var. 2 strafbar gemacht haben, indem er die Schmuckstücke einsteckte.

1. Tatbestand des § 242

A müsste die Schmuckstücke, fremde, bewegliche Sachen, weggenommen haben. Wegnahme ist der Bruch fremden und die Begründung neuen Gewahrsams. Indem A den Schmuck einsteckte, brach er den Gewahrsam des J und begründete eigenen Gewahrsam. Folglich hat er den Schmuck weggenommen. Fraglich ist jedoch, wie es sich auswirkt, dass der **Gewahrsamswechsel durch Vortäuschung eines Unfalls** durch B erleichtert worden ist. Es könnte eine Verfügung vorliegen und damit Betrug in Betracht kommen.

Bei einer Täuschung, die dem Täter die Herbeiführung des Schadens durch eine eigene Handlung ermöglichen soll, liegt normaler Diebstahl vor. Trotz Täuschung über den Unfall seitens B führt A den Schaden durch das Einstecken des Schmucks, d.h. durch eigene Handlung herbei. Also liegt eine Wegnahme vor. A handelte vorsätzlich und mit Zueignungsabsicht.

2. Tatbestand des § 244 I Nr. 2
A könnte die Qualifikation des Bandendiebstahls verwirklicht haben, indem er mit B stahl. Eine Bande ist der ausdrückliche oder stillschweigende Zusammenschluss von mehreren Personen zum Zweck der fortgesetzten Begehung von Raub oder Diebstahl. Ob **zwei Personen bereits eine Bande** sein können, ist umstritten.

Eine Ansicht vertritt, dass schon zwei Personen eine Bande sein können. Nach dieser Ansicht handelte es sich bei A und B um eine Bande. Die Gegenauffassung und seit 2001 auch die Rechtsprechung befürworten, dass nur drei oder mehr Personen eine Bande bilden könnten. Danach wären A und B keine Bande.

Die erste Meinung bringt das Argument vor, dass der Strafgrund des qualifizierten Unrechts nicht die Zahl der Mitglieder, sondern die **erhöhte Gefährlichkeit** sei, die in der Intensität der Bindung liege. Diese Bindung kann bei Zweierbeziehungen besonders eng sein. Ferner spricht dafür, dass § 244 I Nr. 2 auch Anwendung findet, wenn zwei Mitglieder einer größeren Bande die Tat ausführen. Von daher sei es nur konsequent, bereits von einer Bande zu sprechen, wenn sich nur zwei Personen zusammengeschlossen haben.

Nach dem sozialen Sprachgebrauch setzt eine Bande mindestens drei Mitglieder voraus. Weiterhin ist eine Bande dadurch gekennzeichnet, dass sie auch **nach Ausscheiden eines Mitglieds weiter besteht**. Dies ist bei Zweipersonenbeziehungen nicht der Fall. Folglich ist die erste Ansicht abzulehnen. Also können zwei Personen keine Bande darstellen. A und B können demzufolge keine zweckgerichtete Bande bilden. Also hat A die Qualifikation des Bandendiebstahls nicht verwirklicht.

3. Rechtswidrigkeit und Schuld
Die Tat war rechtswidrig und schuldhaft.

4. Regelbeispiel gemäß § 243 I Nr.6 Var. 2
A könnte das Regelbeispiel gemäß § 243 II Nr.6 Var. 2 verwirklicht haben, indem er den J durch das **Vortäuschen des Unglücksfalles** weggelockt hat, um den Schmuck wegnehmen zu können. Aufgrund des gemeinsamen Tatplans wird A die Täuschungshandlung des B nach § 25 II zugerechnet. A müsste einen Unglücksfall zur Wegnahme ausgenutzt haben. Problematisch könnte sein, dass A keinen

echten, sondern nur einen von B vorgetäuschten Unfall zur Wegnahme ausnutzen wollte. Es genügt, wenn der Täter **die Handlung eines mit Helfen Beschäftigten ausnutzt**, um zu stehlen. Indem A den Schmuck wegnahm, als J zum Telefon lief, hat er das Hilfeleisten des J zum Diebstahl ausgenutzt. Bezüglich der Verwirklichung des Regelbeispiels hatte A einen Quasi-Vorsatz.

Ergebnis: A hat sich wegen besonders schweren Diebstahls gemäß §§ 242, 243 I Nr.6 Var. 2 strafbar gemacht.

II. Strafbarkeit des B wegen besonders schweren Diebstahls in Mittäterschaft gemäß §§ 242, 243 I Nr.6 Var. 2, 25 II

B könnte sich wegen besonders schweren Diebstahls in Mittäterschaft gemäß §§ 242, 243 I Nr.6 Var. 2, 25 II strafbar gemacht haben, indem er J ablenkte.
Der Tatbestand des einfachen Diebstahls liegt bei B vor (s.o.). A und B hatten einen gemeinsamen Tatentschluss bezüglich eines besonders schweren Diebstahls. Die besonders schwere Begehung durch A (s.o.) wird durch B erst ermöglicht und ist somit auch sein Werk. Die Tat war rechtswidrig und schuldhaft. B hat sich wegen eines einfachen Diebstahls gemäß § 242 strafbar gemacht.

B könnte einen besonders schweren Fall des Diebstahls in Mittäterschaft gemäß §§ 243 I Nr.6 Var. 2, 25 II verwirklicht haben. A und B hatten einen gemeinsamen Quasi-Vorsatz hinsichtlich des Vortäuschens des Unglücksfalles.

Ergebnis: B hat sich wegen eines besonders schweren Diebstahls in Mittäterschaft gemäß §§ 242, 243 I Nr.6 Var. 2, 25 II strafbar gemacht.

III. Strafbarkeit des B wegen Diebstahls am Motorrad gemäß § 242 I

B könnte sich wegen Diebstahls gemäß § 242 I strafbar gemacht haben, indem er das Motorrad entwendete. Dazu müsste er eine fremde bewegliche Sache in der Absicht weggenommen haben, sie sich widerrechtlich zuzueignen.

1. Tatbestand

a) Objektiver Tatbestand

B hat das Motorrad, eine fremde bewegliche Sache, weggenommen.

b) Subjektiver Tatbestand

B, der vorsätzlich handelte, müsste die Absicht gehabt haben, sich das Motorrad widerrechtlich zuzueignen. Die Zueignung besteht aus den Komponenten der dauernden Enteignung und der zumindest vorübergehenden Aneignung. Indem er das Motorrad wie sein Eigentum verwendete, wollte sich B das Motorrad vorübergehend aneignen.

Fraglich ist jedoch, ob er einen bedingten **Vorsatz bezüglich der dauernden Enteignung** des Motorradeigentümers hatte. Unter Enteignung versteht man den dauerhaften Ausschluss des Eigentümers aus seiner Eigentümerposition.

aa) Enteignung durch Preisgabe

Die vorübergehende Nutzung könnte sich als Enteignung darstellen. Dazu müsste sich der Täter der Sache in einer Weise entäußert haben, dass es dem Zugriff Dritter preisgegeben ist und es somit dem Zufall überlassen bleibt, ob der Eigentümer sie zurückerhält. B hat das Motorrad der **Möglichkeit des Diebstahls ausgesetzt**, womit eine Enteignung möglicherweise hätte eintreten können. Dagegen ist jedoch einzuwenden, dass das Motorrad für etwaige Diebe schon aufgrund der Beschädigung uninteressant war. B musste damit rechnen, dass der Eigentümer des Motorrads bald ermittelt werden konnte und sein Motorrad zurückerhalten würde. B handelte mit Rückführungswillen. Also liegt keine Enteignung durch Preisgabe vor.

bb) Enteignung durch Beschädigung

Allerdings könnte sich eine dauernde Enteignung durch die Substanzveränderung des Kraftrads ergeben. Dazu müsste der Wert des Motorrads aufgrund des Unfalls so gemindert worden sein, dass der Gebrauch in einen Verbrauch umgeschlagen ist. Eine solche Wertminderung muss jedoch über unwesentliche Einbußen hinausgehen und vom Vorsatz des Täters umfasst sein. Das Kraftrad kann ohne größeren Aufwand für 50 Euro repariert werden. Folglich lag – gemessen am Wert eines Motorrads - eine **nur unwesentliche Wertminderung** vor. Also ist der Gebrauch nicht in Verbrauch umgeschlagen. Daher liegt keine dauernde Enteignung vor. Somit handelte B nicht mit Zueignungsabsicht.

Ergebnis: B hat sich wegen des Diebstahls gemäß § 242 I nicht strafbar gemacht.

IV. Strafbarkeit des B wegen Gebrauchsanmaßung gemäß § 248b I

B könnte sich wegen Gebrauchsanmaßung gemäß § 248b I strafbar gemacht haben, indem er das Motorrad entwendete.

1. Tatbestand

B müsste das Motorrad, ein Kraftfahrzeug, gegen den Willen des Berechtigten in Gebrauch genommen haben. Das Fahrzeug wird in Gebrauch genommen, wenn es zum Zwecke der Fortbewegung in Gang gesetzt wird. Indem B das Motorrad zum Juweliergeschäft gefahren hat, wurde es in Gebrauch genommen. Es ist zu unterstellen, dass B das Motorrad gegen den Willen des Berechtigten entwendet hat. B handelte vorsätzlich.

2. Rechtswidrigkeit / Schuld

Die Tat war rechtswidrig und schuldhaft.

Ergebnis: B hat sich wegen Gebrauchsanmaßung gemäß § 248b I strafbar gemacht.

V. Strafbarkeit des B wegen Diebstahls am Benzin gemäß § 242 I

Indem B das Benzin im Motorrad auf der Fahrt zum Juwelier verbraucht, hat er sich wegen Diebstahls gemäß § 242 I strafbar gemacht.

VI. Strafbarkeit des B wegen Sachbeschädigung am Motorrad gemäß § 303 I

Indem B das Motorrad gegen die Ladentür fährt und das Vorderrad verbiegt, hat er sich wegen Sachbeschädigung gemäß § 303 I strafbar gemacht.

VII. Strafbarkeit des B wegen Sachbeschädigung an der Scheibe gemäß § 303 I

Indem er das Glas der Türscheibe zertrümmert, hat er sich wegen Sachbeschädigung gemäß § 303 I strafbar gemacht.

VIII. Strafbarkeit des B gemäß § 315b I Nr. 1

B könnte sich wegen gefährlichen Eingriffs in den Straßenverkehr gemäß § 315b I Nr. 1 strafbar gemacht haben, indem er das Motorrad vor dem Juweliergeschäft liegen lässt. B hat das Motorrad, ein Fahrzeug, beschädigt. Durch diesen Eingriff müsste die Sicherheit des öffentlichen Straßenverkehrs gefährdet worden sein. Der Eintritt eines Schadens oder einer Verletzung müsste wahrscheinlich sein. Das Kraftrad ist teilweise auf dem Bürgersteig liegen geblieben. Eine unmittelbare Gefährdung stellt es nicht dar. Also ist die Sicherheit des Straßenverkehrs nicht beeinträchtigt.

Ergebnis: B hat sich nicht wegen eines gefährlichen Eingriffs in den Straßenverkehr gemäß § 315b I Nr. 1 strafbar gemacht.

IX. Strafbarkeit des B wegen unerlaubten Entfernens vom Unfallort gemäß § 142 I Nr. 1

B könnte sich wegen unerlaubten Entfernens vom Unfallort gemäß § 142 I Nr. 1 strafbar gemacht haben, indem er vom Juwelierladen wegrannte.

B müsste sich nach einem Unfall vom Unfallort entfernt haben, bevor er dem Geschädigten die Feststellung seiner Person ermöglicht hat.
B müsste an einem **Verkehrsunfall** beteiligt gewesen sein. Ein Verkehrsunfall ist ein pflichtwidriges, vom normalen Verkehrsablauf abweichendes plötzliches Ereignis im öffentlichen Straßenverkehr mit schädlichen Auswirkungen, bei dem ein nicht

ganz unerheblicher Personen- oder Sachschaden entstanden ist.
Durch das pflichtwidrige Verhalten des B ist ein nicht unerheblicher Sachschaden entstanden. Folglich liegt grundsätzlich ein Verkehrsunfall vor.

Fraglich ist jedoch, wie es sich auswirkt, dass **B das Fahrzeug vorsätzlich in die Tür des Juweliers fährt**. Über die Behandlung dieser Frage besteht Streit.

Eine Ansicht vertritt, dass **trotz vorsätzlicher Tat ein Unfall** vorliegen kann. Ihr folgend kann auch ein Unfall vorliegen, obwohl B vorsätzlich mit dem Motorrad in die Tür des Geschäftes fuhr.

Die Gegenauffassung hält **bei Vorsatz das Vorliegen eines Unfalls für unmöglich**. Gemäß dieser Meinung läge kein Unfall vor.

Die Gegensätzlichkeit der Ergebnisse, die die Ansichten auf den Fall bezogen aufweisen, macht einen Streitentscheid nötig. Die erste Auffassung bringt ein **argumentum a minore ad maius** vor: Wenn bei fahrlässiger Begehung Wartepflicht bestehe, müsse dies erst recht bei Vorliegen eines Vorsatzes gelten. Dem steht jedoch entgegen, dass eine vorsätzliche Beschädigung keine Auswirkung des allgemeinen Verkehrsrisikos ist, sondern ein verkehrsatypisches Verhalten, dem eine **deliktische Planung** vorausging. Insofern ist die erste Ansicht abzulehnen.
Im Wege der grammatischen Auslegung kommt man zu dem Schluss, dass bei vorsätzlicher Begehung ein Anschlag vorliegt, der sprachlich in keinem Falle mehr unter den Begriff des Unfalls gefasst werden kann.
Der zweiten Auffassung ist daher zu folgen. Wird ein Fahrzeug vorsätzlich zur Beschädigung einer Sache verwendet, kann also von einem Verkehrsunfall nicht gesprochen werden.

Ergebnis: B hat sich nicht wegen unerlaubten Entfernens vom Unfallort gemäß § 142 I Nr. 1 strafbar gemacht.

X. Strafbarkeit des A wegen mittäterschaftlicher Sachbeschädigung am Motorrad gemäß §§ 303 I, 25 II

A könnte sich wegen einer mittäterschaftlichen Sachbeschädigung am Motorrad strafbar gemacht haben, indem er die Tat mit B plante.

1. Gemeinsamer Tatentschluss

Es müsste ein gemeinsamer Tatentschluss vorliegen. A und B haben gemeinsam geplant, dass B das Motorrad leicht beschädigt. A muss die Tat als eigene wollen. Die Beschädigung ist nur ein Teil des Gesamtplans, ohne den die weitere Ausführung unmöglich wäre. A hat somit ein hohes Interesse an der Tat und daher ist zu folgern, dass er die Tat als eigene will. Also liegt ein gemeinsamer Tatentschluss vor.

2. Gemeinsame Tatausführung

A hat selbst kein Tatbestandsmerkmal der Sachbeschädigung verwirklicht. Fraglich ist jedoch, wie es sich auswirkt, dass A **an der Ausführungshandlung selbst nicht beteiligt** war. Ob die Planung der Tat ausreicht, um Mittäter zu sein, ist umstritten (Darstellung der Ansichten s.o. unter Mittäterschaft der Urkundenfälschung).

Dem subjektiven Ansatz folgend kann auch eine **bloße Vorbereitungshandlung** für die Zurechnung nach § 25 II ausreichen. A hat das Delikt sorgfältig zusammen mit B geplant. Folgte man also dieser Ansicht, so wäre A Mittäter der Sachbeschädigung. Die Vertreter der Tatherrschaftslehre fordern eine für den Erfolg der Tat **wesentliche Mitwirkung im Ausführungsstadium**. A hat im Ausführungsstadium nicht mitgewirkt. Also wäre A dieser Auffassung folgend nicht Mittäter einer Sachbeschädigung.

Die Ansichten kommen zu verschiedenen Ergebnissen. Folglich ist ein Streitentscheid vonnöten. Der ersten Ansicht ist zwar zuzugeben, dass eine Tat, die jemand im Tatablauf wesentlich mitgestaltet, auch das Werk seines zielstrebig lenkenden Verstandes ist. Gegen diese erste Ansicht spricht jedoch, dass jemand, der nur bei der Planung mitwirkt, das Geschehen nicht beherrschen kann. Er bleibt, wenn der Ausführende frei und verantwortlich handelt, bei der Realisierung des Planes immer von der Tatausführung des unmittelbar Ausführenden abhängig. Die erste Ansicht verwischt die Grenzen der Täter - und Teilnahmeformen und zerstört die auf ihrer Trennung beruhende Konzeption des Gesetzgebers. Folglich ist die erste Ansicht abzulehnen und der zweiten ist zu folgen. Also ist A nicht Mittäter der Sachbeschädigung des B (a.A. vertretbar).

Ergebnis: A hat sich nicht wegen mittäterschaftlicher Sachbeschädigung gemäß §§ 303, 25 II strafbar gemacht.

XI. Strafbarkeit des A wegen Beihilfe zur Sachbeschädigung am Motorrad gemäß §§ 303 I, 27 I

A könnte sich wegen Beihilfe zur Sachbeschädigung am Motorrad strafbar gemacht haben, indem er die Tat mit B plante. Eine tatbestandsmäßige und rechtswidrige Haupttat liegt vor.

Die Handlung des Haupttäters müsste gefördert worden sein. Es genügt, dass zu bloßen Vorbereitungshandlungen der Tat Hilfe geleistet worden ist. A hat mit B die Tat geplant und somit die Ausführung der Tat ermöglicht. Also hat A die Handlung des Haupttäters gefördert.

Er hatte sowohl bezüglich der Beihilfe als auch der Haupttat einen Vorsatz.

Die Tat war rechtswidrig und schuldhaft.

Ergebnis: A hat sich wegen Beihilfe zur Sachbeschädigung gemäß §§ 303, 27 I strafbar gemacht.

XII. Strafbarkeit des A wegen Beihilfe zur Sachbeschädigung an der Türscheibe gemäß § 303 I, 27 I

A hat sich wegen Beihilfe zur Sachbeschädigung an der Türscheibe gemäß §§ 303 I, 27 I strafbar gemacht, indem er die Tat mit B plante (s.o. und vgl. unter Beihilfe zur Sachbeschädigung am Motorrad).

XIII. Strafbarkeit des A wegen Beihilfe zur Gebrauchsanmaßung gemäß §§ 248b, 27 I

Indem er die Tat mit B plante, hat sich A wegen Beihilfe zur Gebrauchsanmaßung gemäß §§ 248b, 27 I strafbar gemacht (s.o. und vgl. unter Beihilfe zur Sachbeschädigung am Motorrad).

XIV. Strafbarkeit des A wegen Beihilfe zum Diebstahl am Benzin gemäß §§ 242 I, 27 I

A hat sich wegen Beihilfe zum Diebstahl am Benzin strafbar gemacht, indem er die Tat mit B plante (s.o. und vgl. unter Beihilfe zur Sachbeschädigung am Motorrad).

Konkurrenzen (B)

Der Diebstahl am Benzin ist gegenüber der Gebrauchsanmaßung gemäß § 248b I subsidiär. Dies ergibt sich aus dem Zweck des § 248b I, der sonst regelmäßig unanwendbar wäre. Die beiden Sachbeschädigungen stehen in Idealkonkurrenz zueinander. Im Verhältnis zum besonders schweren Diebstahl und der Gebrauchsanmaßung stehen sie in Realkonkurrenz.

Konkurrenzen (A)

Die Beihilfe zum Diebstahl am Benzin ist gegenüber der Beihilfe zur Gebrauchsanmaßung gemäß § 248b I subsidiär (s.o.) Die Beihilfehandlungen zu den beiden Sachbeschädigungen stehen in Idealkonkurrenz zueinander. Im Verhältnis zum besonders schweren Diebstahl und der Beihilfe zur Gebrauchsanmaßung stehen sie in Realkonkurrenz.

Wenn Sie alle 14 Delikte in Ihrer eigenen Lösung gesehen haben ... das wäre ein „sehr gut" im Examen!

Fall 14

Sachverhalt

Der Zivildienstleistende (Z) vom Tattergreis-Tierschutz-Kreis unterstützt die 78-jährige Adelheid (A) und ihren Pudel Paul bei den Angelegenheiten des Alltags, nicht aber bei finanziellen Angelegenheiten. Weil er mal wieder knapp bei Kasse ist, „borgt" er sich eines Tages EC-Karte der A ohne deren Willen, indem er sie ihrer unverschlossenen Schublade entnimmt. Die neben der EC-Karte auf einem Zettel notierte Geheimzahl merkt er sich. Außerdem nimmt er sich die Telefonkarte der A vom Schreibtisch und steckt sie sich in die Hosentasche, um damit seine mallorquinische Freundin anzurufen. Beide Karten will er nach der Verwendung unauffällig zurücklegen. Dummerweise fällt ihm die Telefonkarte bei der Verabschiedung von A aus der Hosentasche. Als A dies bemerkt, ist sie sehr erbost und treibt Z mit ihrem Gehstock aus der Wohnung. Beim Elektrowarenhersteller Jupiter (J) will er dann mit der EC-Karte der A den ovalen MP3-Player „Ei-Pott" für 250 Euro bezahlen. Jedoch wird die Karte vom Terminal nicht akzeptiert, weil A den Verlust schon bemerkt und den Sperrnotruf angerufen hatte. Z tut so, als könne er das nicht verstehen und sagt J, dass er später mit Bargeld vorbeikommen werde, um sich das Gerät abzuholen.
Wie hat sich Z strafbar gemacht?

Lösung Fall 14

I. Strafbarkeit gemäß § 242 I (Telefonkarte)

Z könnte sich wegen Diebstahls gemäß § 242 I strafbar gemacht haben, indem er die Telefonkarte der A vom Schreibtisch nahm und sich in die Hosentasche steckte.

1. Tatbestand

a) Objektiver Tatbestand

Die Telefonkarte ist eine bewegliche Sache, die im Eigentum der A steht, also für Z fremd ist. Z müsste sie weggenommen haben. Wegnahme ist der Bruch fremden und die Begründung neuen, nicht notwendig tätereigenen Gewahrsams.

Ursprünglich hätte A Gewahrsam an der Telefonkarte haben müssen. Gewahrsam ist die von einem natürlichen Herrschaftswillen getragene tatsächliche Sachherrschaft, deren Reichweite nach der Verkehrsauffassung bestimmt wird. In einem räumlich umgrenzten Herrschaftsbereich, wie ihn die Wohnung der A bildet, hat der Inhaber **Herrschaftswillen über alle darin befindlichen Gegenstände**. Ein konkreter Gewahrsamswille hinsichtlich der Telefonkarte ist dabei nicht zu verlangen. Also befand sich die Telefonkarte anfangs im Gewahrsam der A.

Z müsste neuen Gewahrsam begründet und damit den Gewahrsam der A aufgehoben haben. Da es Z nicht erfolgreich geschafft hat, mit der Telefonkarte die Wohnung zu verlassen, stellt sich die Frage, ob er die Karte bereits in seinen Gewahrsam bringen konnte, der **Gewahrsamswechsel** also vollendet war. Zunächst könnte man darauf abstellen, ob der Herrschaftsbereich des vorherigen Gewahrsamsinhabers verlassen worden ist. Danach hätte Z sich noch im Bereich des Versuchs befunden. Jedoch wird eine solche Sichtweise nicht dem Umstand gerecht, dass A auf die Hosentasche des Z keinen Zugriff hat. Deshalb ist danach zu differenzieren, ob Z die Karte in eine **Gewahrsamsenklave** verbracht hat. Dem liegt die Vorstellung zugrunde, dass innerhalb der **Gewahrsamssphäre**, die die Wohnung der A bildet, jede Person einen persönlichen Bereich mit sich herumträgt (Kleidung, Brief-/Handtasche), über den nur sie selbst Herrschaftsgewalt hat. Zur Wiedererlangung des ungehinderten Gewahrsams müsste nämlich in die persönliche Sphäre des Wegnehmenden eingedrungen werden. Ein Verbringen von fremden Sachen in die eigene Gewahrsamsenklave innerhalb der Gewahrsamssphäre eines anderen ist allerdings nur bei kleinen Gegenständen möglich, da nur hier nach der Verkehrsanschauung neuer Gewahrsam begründet werden kann. Die Telefonkarte war klein genug, damit Z sie in seine Hosentasche stecken konnte, die Teil seiner Gewahrsamsenklave ist.

Folglich hat Z mit dem Einstecken der Karte neuen Gewahrsam begründet. Da dies gegen oder zumindest ohne den Willen der A geschehen ist, hat Z damit auch ihren Gewahrsam **gebrochen**. Somit liegt eine Wegnahme vor.

b) Subjektiver Tatbestand

Da Z mit Wissen und Wollen hinsichtlich der Wegnahme einer fremden, beweglichen Sache handelte, hatte er Vorsatz. Er müsste weiterhin Zueignungsabsicht gehabt haben. Die **Zueignungsabsicht** umfasst die Absicht, die Sache sich oder einem Dritten zumindest vorübergehend ins Vermögen zu überführen (**Aneignungsabsicht**), verbunden mit dem zumindest bedingt vorsätzlichen Willen, den Berechtigten dauerhaft aus seiner faktischen Eigentümerstellung zu entheben (**Enteignungsvorsatz**). Z wollte die Karte für die Dauer der Verwendung in sein Vermögen bringen, hatte also die Absicht, sie sich zumindest vorübergehend faktisch anzueignen. Da er sie aber, wenn auch ohne Guthaben, zurückbringen wollte, stellt sich die Frage, ob er auch Enteignungsvorsatz hatte. Das richtet sich danach, ob dabei auf die Substanz oder den Sachwert der Telefonkarte abgestellt wird.

Einer Ansicht („**Substanztheorie**") nach muss die Zueignungsabsicht sich auf die Substanz der Sache selbst beziehen, die Z aber vorliegend nicht behalten wollte. In Erweiterung dieser engsten Abgrenzung wird auch dann Zueignungsabsicht angenommen, wenn ihr Bezugspunkt der spezifisch innewohnende Sachwert, wie hier das Telefonkartenguthaben, ist („**erweiterte Substanztheorie**").

Demgegenüber soll nach einer dritten Ansicht („**enge Vereinigungstheorie**") ausreichen, wenn der Täter Zueignungsabsicht hinsichtlich des in der Sache steckenden und aus ihr zu gewinnenden Werts (**lucrum ex re**), hat. Auch hiernach wäre wegen des beabsichtigten Verbrauchs des Guthabens die Zueignungsabsicht zu bejahen. Die weiteste Auffassung („**weite Vereinigungstheorie**") lässt es genügen, wenn die Zueignungsabsicht hinsichtlich des unter Verwendung der Sache zu erzielenden Werts (**lucrum ex negotio cum re**) besteht. Da dies auch die zuvor genannten Fälle einschließt, liegt demzufolge Zueignungsabsicht vor.

Da lediglich die erste Ansicht zu einem abweichenden Ergebnis kommt, ist nur insoweit der Streit zu entscheiden. Die enge Substanztheorie beruht auf der Annahme, dass das Unrecht des Diebstahls in der Wegnahme einer Sache, also einer Sachsubstanz, liegt und dass deshalb die Zueignungsabsicht sich auch auf gerade diese beziehen muss. Dabei verkennt die Theorie aber, dass eine Sache nicht nur bei ihrer vollständigen Entziehung, sondern auch bei der Entleerung ihrer Funktion als Wertträger, für den Berechtigten faktisch verloren geht. Deshalb ist sie zugunsten der anderen weiteren Auffassungen abzulehnen. Da Z das Guthaben der Telefonkarte aufbrauchen wollte, hatte er Enteignungsvorsatz hinsichtlich des ihr objektiv innewohnenden Sachwerts. Mithin hatte er Zueignungsabsicht. Dass er dieses Vorhaben später nicht realisieren konnte, ist dabei unerheblich, da er die Zueignungsabsicht lediglich im Zeitpunkt der Wegnahme gehabt haben muss.
Da Z keinen Rechtsanspruch auf die Karte hatte, war die beabsichtigte Zueignung auch **rechtswidrig**. Da er das wusste, hatte er diesbezüglich auch **Vorsatz**.

2. Rechtswidrigkeit und Schuld
Z handelte rechtswidrig und schuldhaft.

Ergebnis: Z hat sich wegen Diebstahls gemäß § 242 I strafbar gemacht, indem er die Telefonkarte der A einsteckte, um das Guthaben darauf zu verbrauchen. Ein ggf. erforderlicher Strafantrag wegen (etwaiger) Geringwertigkeit der Sache müsste nach § 248 a gestellt sein.

II. Strafbarkeit gemäß § 242 I (EC-Karte)
Z könnte sich wegen Diebstahls gemäß § 242 I strafbar gemacht haben, indem er die EC-Karte der A eingesteckt hat.
1. Tatbestand

a) Objektiver Tatbestand
Die EC-Karte ist eine bewegliche Sache. Ob sie im Eigentum der A oder ihrer Bank steht, kann dahinstehen, weil sie jedenfalls für Z fremd ist. Z müsste sie weggenommen haben. Wegnahme ist der Bruch fremden und die Begründung neuen Gewahrsams. Z hat spätestens beim Verlassen der Wohnung mit der EC-

Karte tatsächliche Sachherrschaft über sie erlangt und damit gegen den Willen der A ihren Gewahrsam aufgehoben und eigenen begründet. Damit hat Z die Karte weggenommen.

b) Subjektiver Tatbestand

Z handelte mit Wissen und Wollen hinsichtlich der Wegnahme einer fremden beweglichen Sache, also vorsätzlich. Er müsste aber auch mit Zueignungsabsicht gehandelt haben. Die **Zueignungsabsicht** umfasst die Absicht, die Sache sich oder einem Dritten zumindest vorübergehend ins Vermögen zu überführen (**Aneignungsabsicht**), verbunden mit dem zumindest bedingt vorsätzlichen Willen, den Berechtigten dauerhaft aus seiner faktischen Eigentümerstellung zu entheben (**Enteignungsvorsatz**). Indem Z mit dolus directus I. Grades vorhat, die EC-Karte zu verwenden, will er sie sich zumindest vorübergehend ins Vermögen überführen, handelt also mit Aneignungsabsicht. Allerdings will er A die EC-Karte danach zurückbringen, so dass der Enteignungsvorsatz im Zeitpunkt der Tat zu verneinen ist. Bei der EC-Karte handelt es sich nicht um einen Wertträger, sondern um einen „Schlüssel". Folglich liegt der subjektive Diebstahlstatbestand mangels überschießender Innentendenz des Täters nicht vor. **Es handelt sich lediglich um eine straflose Gebrauchsanmaßung (furtum usus).**

Ergebnis: Z hat sich nicht wegen Diebstahls gemäß § 242 I strafbar gemacht.

III. Strafbarkeit gemäß § 274 I Nr. 1

Z könnte sich wegen Urkundenunterdrückung gemäß § 274 I Nr. 1 strafbar gemacht haben, indem er A von der Entwendung der EC-Karte bis zu ihrer Rückgabe diese vorenthielt.

1. Tatbestand

a) Objektiver Tatbestand

Als Tatobjekt kommt eine **technische Aufzeichnung**, nämlich die auf der EC-Karte gespeicherten Daten, in Betracht. Eine technische Aufzeichnung ist nach der Legaldefinition in § 268 II eine beweiserhebliche Darstellung von Daten, die zumindest teilweise durch ein technisches Gerät bewirkt wird. Auf dem Magnetstreifen der EC-Karte sind durch technische Enkodiergeräte Daten zur elektronischen Identifikation der Karte eingespeichert worden. Somit handelt es sich bei der EC-Karte um eine technische Aufzeichnung. Die technische Aufzeichnung gehört dem Z nicht.

Z könnte die Karte **unterdrückt** haben. Unter Unterdrücken ist eine Handlung zu verstehen, durch die dem Beweisführungsberechtigten die Benutzung der technischen Aufzeichnung zumindest zeitweilig entzogen oder vorenthalten wird. Z hat A die EC-Karte von der Entwendung bis zur geplanten Rückgabe vorenthalten, also eine technische Aufzeichnung unterdrückt.

b) Subjektiver Tatbestand

Z hatte Vorsatz hinsichtlich der Unterdrückung einer technischen Aufzeichnung. Darüber hinaus ist aber auch seine Absicht erforderlich, einem anderen einen Nachteil zuzufügen. **Davon umfasst ist jede Beeinträchtigung fremder Beweisführungsinteressen.** Vorliegend kommt die Beeinträchtigung von des Interesses der A, selbst mit der Karte im Zahlungsverkehr aufzutreten und sich als Kontoinhaberin zu identifizieren, in Betracht. Geht man jedoch bei lebensnaher Sachverhaltsauslegung davon aus, dass Z alsbald die Karte zurücklegen wollte, fehlt es ihm an der Absicht (dolus directus II. Grades, h.M.), A einen Nachteil zuzufügen, da er mittels des von ihm beabsichtigten unauffälligen Zurücklegens darauf vertraute, dass A die Gebrauchsentwendung nicht bemerken würde.

Ergebnis: Z hat sich nicht wegen Urkundenunterdrückung gemäß § 274 I Nr. 1 strafbar gemacht.

IV. Strafbarkeit gemäß § 202a I

Z könnte sich wegen Ausspähens von Daten gemäß § 202a I strafbar gemacht haben, indem er sich die auf einem Zettel in der Schublade der A notierte PIN für die EC-Karte merkte.
Allerdings ist der Zettel kein taugliches Tatobjekt i.S. des § 202a II, so dass eine Strafbarkeit gemäß § 202a I zu verneinen ist.

V. Strafbarkeit gemäß § 246 I

Z könnte sich wegen Unterschlagung der EC-Karte der A gemäß § 246 I strafbar gemacht haben, indem er damit im Geschäftsverkehr aufgetreten ist.

Die EC-Karte ist eine fremde bewegliche Sache. Allerdings müsste Z sie sich zugeeignet haben. Das setzt zuerst eine Aneignung voraus, die im Auftreten mit der Karte im Zahlungsverkehr und der damit verbundenen Einnahme einer faktischen Eigentümerstellung zu erblicken ist. Allerdings mangelt es an einer dauerhaften Ausschließung der A von der Karte, so dass mangels Enteignung der objektive Tatbestand der Unterschlagung nicht vorliegt.

Ergebnis: Z hat sich nicht wegen Unterschlagung gemäß § 246 I strafbar gemacht.

VI. Strafbarkeit gemäß § 263 I, 22

Z könnte sich durch das versuchte Bezahlen mit der EC-Karte der A wegen versuchten Betruges gemäß §§ 263 I, 22 strafbar gemacht haben. Der Betrug setzt jedoch die Täuschung eines Menschen voraus. Der Verkäufer musste sich hier aber keine Gedanken um die Legitimität der Nutzung der EC-Karte durch Z machen, so dass er keinem Irrtum unterliegen konnte.

Ergebnis: Z hat sich nicht wegen versuchten Betruges gemäß §§ 263 I, 22 strafbar gemacht.

VII. Strafbarkeit gemäß §§ 263a I Var. 3, 22 (EC-Karte der A)

Z könnte sich wegen versuchten Computerbetrugs gemäß §§ 263a I, 22 strafbar gemacht haben, indem er mit der entwendeten EC-Karte der A den MP3 – Player bezahlen wollte.

1. Nichtvollendung der Tat und Strafbarkeit des Versuchs

Da die entwendete EC-Karte nicht akzeptiert wurde, wurde der Taterfolg des Computerbetrugs nicht herbeigeführt.
Die Strafbarkeit des Versuchs folgt aus § 263a II i.V.m. § 263 II.

2. Tatentschluss

a) Z müsste mit Tatentschluss, also mit Wissen und Wollen, hinsichtlich der unbefugten Verwendung von Daten gehandelt haben. Bei den auf dem Magnetstreifen der EC-Karte gespeicherten Daten handelt es sich um kodierte Informationen, also um Daten. Problematisch ist aber, ob Z **den Tatentschluss zu einer unbefugten Verwendung hatte**. Zwar wollte er sich vertragswidrig verhalten, da nur der berechtigte Karteninhaber diese im Zahlungsverkehr nutzen darf, jedoch wollte er sie ordnungsgemäß unter Eingabe der PIN verwenden. Damit stellt sich die Frage, was unter einer unbefugten Verwendung zu verstehen ist.

aa) Zum einen wird das Tatbestandsmerkmal „unbefugt" **computerspezifisch** ausgelegt, d.h. es werden restriktiv die Fälle erfasst, bei denen nicht ordnungsgemäß auf das System eingewirkt wird. Der vorliegende Fall wäre damit nicht von § 263a erfasst. Zum anderen kann **subjektivierend** lediglich auf den erkennbaren ausdrücklichen oder mutmaßlichen Willen des Verfügungsberechtigten abgestellt werden. Da Z diesem zuwidergehandelt hat, wäre § 263a demnach einschlägig. Schließlich wird eine **betrugsspezifische** Auslegung vorgeschlagen, nach der nur ein täuschungsähnliches Verhalten zur Strafbarkeit nach § 263a führt. Z müsste vorliegend einem fiktiven Bankangestellten konkludent seine Berechtigung vortäuschen, so dass diese Ansicht ein unbefugtes Verwenden annehmen würde.

bb) Die computerspezifische Auslegung hat zwar den Vorteil, dass die Strafbarkeitsvoraussetzungen nicht von der Bank dadurch bestimmt werden können, dass im Bankvertrag gewisse Verhaltensweisen als unbefugt bezeichnet werden, jedoch findet sie keinen Anhaltspunkt im Gesetz. Außerdem kann eine Objektivierung dadurch herbeigeführt werden, dass eine **betrugsspezifische Interpretation** vorgenommen wird. Dafür spricht gerade die Ähnlichkeit und systematische Nähe von § 263a und § 263. Dieser Vergleich macht zudem deutlich, dass leichtfertiges Opferverhalten (leicht umgehbares Computerprogramm) sich nicht auf die Strafbarkeit niederschlagen darf. Damit ist die computerspezifische Ansicht abzulehnen und eine Strafbarkeit des von Z versuchten Bezahlens des MP 3-Players als unbefugtes Verwenden von Daten i.S.d. § 263a I Var. 3 zu bejahen.

b) Z wollte auch den **Datenverarbeitungsvorgang beeinflussen** und damit A einen **Schaden** zufügen, hatte auch insoweit also Tatentschluss.

c) Da Z mit dolus directus I. Grades anstrebte, auf Kosten des Geschädigten einen geldwerten Vorteil zu erlangen, hatte er die erforderliche **Bereicherungsabsicht**.

3. Unmittelbares Ansetzen

Spätestens durch das Einführen der EC-Karte in das Lesegerät hat Z die Schwelle zum „jetzt geht's los" überschritten, also unmittelbar zur Tat angesetzt (§ 22).

4. Rechtswidrigkeit und Schuld

Z handelte rechtswidrig und schuldhaft.

Ergebnis: Z hat sich wegen versuchten Computerbetrugs gemäß §§ 263a I Var. 3, 22 strafbar gemacht.

Endergebnis und Konkurrenzen

Z hat sich wegen Diebstahls in Tatmehrheit mit versuchtem Computerbetrug gemäß §§ 242 I; 263a I, 22; 53 strafbar gemacht.

Fall 15

Sachverhalt

Benjamin (B) schlendert samstags durch den OMI-Baumarkt. Er kann sich besonders für die angebotenen Schlagbohrmaschinen begeistern. Unter dem Schild „unsere Preisknüller“ sind zwei elektrische Schlagbohrmaschinen ausgestellt, das Gerät von White & Decker und der kleinere Elektrobohrer von Josch. Die Bohrmaschine von White & Decker kostet 229 Euro, der Elektrobohrer 99 Euro. Beide Preise sind auf dem Preisetikett in Form von „229,-“ bzw. „99,-“ mit dem Vordruck „OMI-Baumarkt" aufgedruckt und direkt auf das Metallgehäuse der Geräte geklebt. B löst heimlich das Preisschild „99,-“ vom Elektrobohrer ab und klebt es über das Preisschild des Bohrers von White & Decker, so dass das alte Etikett darunter nicht mehr hervorsteht. Der Plan geht auf. Die Kassiererin berechnet erwartungsgemäß nur 99 Euro.

Wie hat sich B strafbar gemacht?

Lösung Fall 15

I. Strafbarkeit wegen Urkundenfälschung gemäß § 267 I Var. 2

B könnte sich wegen Urkundenfälschung gemäß § 267 I Var. 2 strafbar gemacht haben, indem er das Preisschild des Bohrers von White & Decker überklebt.

1. Tatbestand

a) Objektiver Tatbestand

aa) Urkunde

B müsste eine echte Urkunde verfälscht haben. Bei dem mit dem Bohrer verbundenen Preisschild müsste es sich um eine Urkunde handeln. Urkunden sind verkörperte Gedankenerklärungen, die zum Beweis geeignet und bestimmt sind und ihren Aussteller erkennen lassen. **Neben einteiligen Urkunden ist auch die Verbindung von einer Urkunde und einem Bezugsobjekt als zusammengesetzte Urkunde anerkannt.**

aaa) Verkörperte Gedankenerklärung

Das Preisschild müsste eine menschliche Gedankenerklärung enthalten. Die Anforderungen an die Gedankenerklärung sind umstritten.

Gemäß einer Auffassung muss die **Erklärung aus sich selbst heraus geeignet** sein, eine bestimmte Vorstellung über einen Sachverhalt hervorzurufen. Das Preisschild drückt für sich allein nichtssagende Zeichen aus. Folgte man dieser Ansicht, läge in dem Preisschild keine Gedankenerklärung.

Für die Gegenansicht muss die Erklärung nicht aus sich heraus verständlich sein. Vielmehr genügt es, dass sie, unter Anwendung eines zwischen den Beteiligten feststehenden Codes, **eine bestimmte Vorstellung über einen Sachverhalt hervorrufen kann**. Aufgrund der Verkehrsübung kann aus der Verbindung zwischen Bohrer und Etikett geschlossen werden, dass es sich bei dem Betrag auf dem Schild um den vom Geschäftsinhaber geforderten Preis handelt. Folgte man dieser Ansicht, läge eine Gedankenerklärung vor.

Die Meinungen kommen zu unterschiedlichen Ergebnissen. Also muss der Streit entschieden werden. Bei verbundenen Erklärungen **kann der Verkehr problemlos auf den Bezug von Etikett und Bohrer schließen**. Es genügt folglich, dass sich die Erklärung auf ihren stofflichen Träger bezieht und erst in Verbindung mit ihm verständlich wird. Der zweiten Auffassung ist daher zu folgen. Mithin liegt eine Gedankenerklärung vor.

Die Erklärung müsste **verkörpert** sein. Fraglich ist, ob Schriftfixierung vorliegen muss oder ob darauf verzichtet werden kann, d.h. ob auch Beweiszeichen eine verkörperte Erklärung enthalten können.

Es wird vertreten, es müsse **Schriftlichkeit** vorliegen. Sie liegt vor, wenn die Möglichkeit der Lesbarkeit durch Wortfixierung gegeben ist. Die Erklärung des Preisschilds ist nicht durch Worte fixiert. Also läge in dem Preisschild keine verkörperte Gedankenerklärung vor, wenn man dieser Auffassung folgte.

Die Gegenansicht vertritt, dass auch dem Beweiszeichen Urkundenstatus zukommen kann. Gemäß dieser Meinung **kann das Etikett urkundengleich** sein. Danach werden auch wortvertretende Symbole in den Schutz der verkörperten Gedankenerklärungen einbezogen. Das Preisschild zeigt wortvertretende Symbole in Form der Ziffern. Es wäre somit eine verkörperte Gedankenerklärung.

Die Auffassungen kommen zu unterschiedlichen Ergebnissen. Somit ist es nötig, sich für eine Ansicht zu entscheiden. Für die zweite Auffassung spricht, dass der **Rechtsverkehr** darauf **angewiesen** ist, auch den wortvertretenden Symbolen den Urkundenschutz zuzubilligen. Infolgedessen ist das Preisschild als Beweiszeichen mit den Ziffern als wortvertretenden Symbolen grundsätzlich eine verkörperte Erklärung. Es könnte jedoch problematisch sein, dass die **Erklärung verkürzt** ist. Eine Verkürzung könnte unschädlich sein. Dies ist der Fall, wenn sich das Zeichen aufgrund von Herkommen, gesetzlicher Vorschrift oder Vereinbarung der Beteiligten (BGHSt 13, 235, 239) ergänzen lässt. Vom Beobachter kann aus der Verkehrsübung erschlossen werden, dass „99,-" wortvertretend abgekürzt für neunundneunzig Euro steht. Ferner kann erschlossen werden, dass es sich bei diesem Betrag um den vom Geschäftsinhaber geforderten Preis für eine Ware handelt. Also ist **eine Verkürzung unschädlich**. Folglich liegt eine verkörperte Gedankenerklärung vor.

bbb) Beweiseinheit durch Verbindung

Die verkörperte Gedankenerklärung müsste mit ihrem Bezugsobjekt räumlich fest zu einer Beweiseinheit verbunden sein. Die Verbindung zwischen Preisschild und Bohrer ist **auf eine gewisse Dauer angelegt**. Da das Preisschild direkt auf das Metallgehäuse des Bohrers geklebt ist, liegt auch eine hinreichend feste Verbindung vor. Mithin liegt eine räumliche Beweiseinheit vor.

ccc) Eignung und Bestimmung zur Beweiserbringung

Die verkörperte Erklärung muss geeignet und bestimmt sein, für ein Rechtsverhältnis Beweis zu erbringen. Auf dem Preisschild ist der Gegenstand, den der Ladeninhaber für den angegebenen Preis veräußern will, zwar nicht angegeben. Allerdings könnte sich die Beweisfunktion **aus der Einheit von Bohrer und Etikett** ergeben. Das Preisschild beweist als invitatio ad offerendum, zu welchem Preis die Kassiererin Angebote der Kunden noch annehmen kann.

Das Preisschild könnte ferner beweisen, dass der Verkäufer einer öffentlich-rechtlichen Pflicht zur Auszeichnung des Preises des Bohrers nachgekommen ist. Gemäß § 1 Preisangabenverordnung (PAngV) müssen die zum Verkauf gestellten Waren mit gut sichtbaren Preisschildern versehen sein, aus denen die Endverbraucher den geforderten Preis ersehen können. Das Ausstellen eines mit Preisauszeichnung versehenen Gegenstandes ist zwar nur eine Aufforderung zum Angebot. **Jede Überschreitung des Preises stellt jedoch einen Verstoß gegen die PAngV dar.** Also ist die Preisauszeichnung geeignet und bestimmt zu beweisen, dass der Aussteller seiner öffentlich rechtlichen Pflicht gemäß §§ 1, 2 PAngV nachgekommen ist. Daher liegt die erforderliche Beweisfunktion vor.

ddd) Erkennbarkeit des Ausstellers

Der Aussteller einer Urkunde muss erkennbar sein. Der Aussteller, der OMI-Baumarkt, war auf dem Preisschild erkennbar.

Folglich handelt es sich bei dem mit dem Bohrer verbundenen Etikett um eine zusammengesetzte Urkunde.

bb) Verfälschung

B müsste die Urkunde verfälscht haben. Verfälschung ist jede nachträgliche Änderung des gedanklichen Inhalts einer echten Urkunde, durch die der Anschein erweckt wird, als habe der Aussteller die Erklärung in der Form abgegeben, die sie durch die Verfälschung erlangt hat. Die Änderung könnte hier im Austausch des Bohrers als Bezugsobjekt liegen. Ob durch eine Änderung des Bezugsobjekts der verbundenen Erklärung eine Verfälschung vorliegt, ist umstritten.

Eine Ansicht vertritt, dass die **Inhaltsveränderung durch Austausch keine Verfälschung** darstelle. Folgte man dieser Auffassung, läge nur strafloser Urkundenmissbrauch, nicht aber Urkundenverfälschung vor.

Die Gegenauffassung argumentiert, der Austausch des Bezugsobjekts stelle eine **Verfälschung** dar. Dann läge eine Verfälschung vor.

Aufgrund der unterschiedlichen Ergebnisse, zu denen die beiden Ansichten führen, muss der Streit entschieden werden. Die erste Auffassung argumentiert, dass der Betrachter den verbundenen Gegenstand wahrnehmen müsse und die Verständlichkeit der Erklärung somit von der Präsenz des Bezugsgegenstandes abhänge. Daraus ergibt sich, dass die Verbindung von Etikett und Bohrer nicht Teil der Erklärung ist, sondern eine Konstellation, auf die die Erklärung Bezug nimmt. In die Erklärung werde also auch nicht eingegriffen. Folglich werde der Betrachter der neuen **Kombination nur dadurch getäuscht, dass er auf den Fortbestand der vom Aussteller geschaffenen Verbindung von Sache und Urkunde vertraut**.

Allerdings gibt es kein anderes Mittel zur Verkörperung einer Erklärung in dauerhaften Zeichen als eine gegenständlich hergerichtete Situation. Ein Preisschild ergibt ohne seinen Bezugspunkt keinen Sinn. Folglich ist die Ansicht abzulehnen, welche bei Austausch des Bezugsobjekts keine Fälschung annimmt. Bei der zusammengesetzten Urkunde liegt daher eine Verfälschung vor, wenn die durch die feste Verbindung verkörperte Beweisbeziehung durch den Austausch des Bezugsobjektes verändert wird.

B verändert das Bezugsobjekt des „99,-"-Preisschildes, indem er es auf den teureren Bohrer klebt. Das Preisschild scheint nun eine andere Tatsache als die vom Aussteller intendierte zu beweisen. Bei der Manipulation von Preisetiketten liegt also eine Verfälschung vor. Mithin hat B die Urkunde verfälscht.

b) Subjektiver Tatbestand

B handelte vorsätzlich und mit dem Willen, die Kassiererin über die Unverfälschtheit der Urkunde zu täuschen.

2. Rechtswidrigkeit und Schuld

Die Tat war rechtswidrig und schuldhaft.

Ergebnis: Also hat sich B wegen Urkundenfälschung gemäß § 267 I Var. 2 strafbar gemacht.

II. Strafbarkeit wegen Urkundenunterdrückung gemäß § 274 I Nr. 1 2.Hs. Var. 1

B könnte sich wegen Urkundenunterdrückung gemäß § 274 I Nr. 1 2.Hs. Var. 1 strafbar gemacht haben, indem er das „99,-" - Preisschild von dem Bohrer ablöst. Dazu müsste er eine Urkunde, die ihm nicht gehört, vernichtet, beschädigt oder unterdrückt haben.

Eine Urkunde liegt in der Verbindung zwischen Preisschild und Bohrer (s.o.). Das Recht, **mit dieser Urkunde im Rechtsverkehr Beweis zu erbringen**, steht dem Baumarkt zu. Aufgrund dieses Beweisführungsrechts „gehört" diesem die Urkunde im Sinne des § 274.

B könnte die Urkunde **vernichtet** haben. Vernichtet ist eine Urkunde, wenn ihr gedanklicher Inhalt nicht mehr zu erkennen ist. Durch das Ablösen des Preisschildes wird der gedankliche Inhalt der zusammengesetzten Urkunde zerstört. B hat damit eine Urkunde vernichtet.

Er handelte diesbezüglich **vorsätzlich**. B müsste ferner die **Absicht** gehabt haben, einem anderen einen Nachteil zuzufügen. Diesbezüglich lässt die überwiegende Auffassung dolus directus II genügen, welcher bei B vorlag. Sinnvoller erscheint es jedoch, mit der Gegenauffassung das Absichtserfordernis speziell auf die Vereitelung des fremden Beweisführungsrechts zu beziehen und nicht lediglich das Bewusstsein des Täters, dass ein Nachteil als sichere Folge seiner Tat eintreten wird. Es fehlt an der erforderlichen Absicht, wenn die vorliegende Urkundenvernichtung **bloße Nebenfolge eines anderen Zwecken dienenden Handelns war**. Vorliegend ging der Wille des B dahin, mit dem abgelösten Preisschild eine Urkunde zu verfälschen und nicht etwa dahin, dem Geschäftsinhaber einen Nachteil zuzufügen, indem dieser seiner Preisauszeichnungspflicht nicht nachkommt. Also war die Vernichtung der Urkunde eine bloße Nebenfolge. Also handelte B nicht mit Nachteilszufügungsabsicht.

Ergebnis: B hat sich nicht wegen Urkundenunterdrückung gemäß § 274 I Nr. 1 2. Hs. Var. 1 strafbar gemacht.

III. Strafbarkeit wegen Urkundenunterdrückung gemäß § 274 I Nr. 1 2.Hs.Var. 3

B könnte sich wegen Urkundenunterdrückung gemäß § 274 I Nr. 1 2.Hs. Var. 3 strafbar gemacht, indem er das Etikett zu „229,-" überklebte.

1. Tatbestand

a) Objektiver Tatbestand

Der Bohrer und das Preisschild sind eine zusammengesetzte Urkunde, die dem Baumarkt gehört. Diese Urkunde könnte B unterdrückt haben. Unterdrücken ist jede Handlung, durch die dem Berechtigten die Benutzung der Urkunde als Beweismittel entzogen wird. Durch das Überkleben wird der Erklärungsinhalt verdeckt. Damit liegt eine Unterdrückung vor.

b) Subjektiver Tatbestand

B handelte vorsätzlich.

Er müsste ferner eine Nachteilszufügungsabsicht gehabt haben. B hat erreicht, dass der Baumarkt nicht mehr wahrnehmen kann, dass sich unter dem Etikett „99,-" das teurere Preisschild befindet. Dadurch liegt die erforderliche Nachteilszufügungsabsicht vor.

2. Rechtswidrigkeit und Schuld

Die Tat war rechtswidrig und schuldhaft.

Ergebnis: B hat sich wegen Urkundenunterdrückung gemäß § 274 I Nr. 1 2.Hs. Var. 3 strafbar gemacht.

IV. Strafbarkeit wegen Urkundenfälschung gemäß § 267 I Var. 3

B könnte sich wegen einer Urkundenfälschung gemäß § 267 I Var. 3 strafbar gemacht haben, indem er den Bohrer mit dem überklebten Preisschild an der Kasse der Kassiererin vorlegte. B müsste eine verfälschte Urkunde gebraucht haben. Der Bohrer mit dem überklebten Etikett ist eine verfälschte Urkunde (s.o). Gebraucht wird eine Urkunde, wenn sie dem zu Täuschenden zugänglich gemacht wird und ihm die Kenntnisnahme möglich ist. B legt den Bohrer mit Etikett vor und gibt der Kassiererin die Möglichkeit zur Kenntnisnahme der verfälschten Urkunde. Also hat er eine verfälschte Urkunde gebraucht.

B handelte vorsätzlich und mit dem Willen, die Kassiererin über die Unverfälschtheit der Urkunde zu täuschen.

Die Tat war rechtswidrig und schuldhaft.

Ergebnis: Also hat sich B wegen Urkundenfälschung gemäß § 267 I Var. 3 strafbar gemacht.

V. Strafbarkeit wegen Dreiecksbetruges gemäß § 263

B könnte sich wegen eines Dreiecksbetruges durch Täuschung der Kassiererin zum Nachteil des Baumarktes gemäß § 263 strafbar gemacht haben, indem er der Kassiererin den Bohrer mit dem überklebten Preisschild vorlegt.

1. Tatbestand

a) Objektiver Tatbestand

aa) Täuschungshandlung und Irrtumserregung

B müsste durch eine Täuschung bei der Kassiererin einen Irrtum hervorgerufen haben. B hat den Bohrer mit dem überklebten Preisschild an der Kasse vorgelegt. Damit hat er mittels konkludenten Tuns auf das Vorstellungsbild der Kassiererin vom Preis der Ware eingewirkt und in ihr die Vorstellung hervorgerufen, der Bohrer koste nur 99 Euro statt 229 Euro. Also hat B durch eine Täuschungshandlung einen Irrtum erregt.

bb) Vermögensverfügung

Weiterhin müsste B durch den Irrtum eine Vermögensverfügung der Kassiererin erwirkt haben. Vermögensverfügung ist jedes Tun, Dulden oder Unterlassen, das unmittelbar zu einer Vermögensminderung geführt hat.

Zu fragen ist, ob die Kassiererin eine Verfügung vornimmt, oder ob sie infolge der Täuschung nur eine Wegnahme geschehen lässt. Bei der Beurteilung dieser Frage ist auf die **innere Willensrichtung der Getäuschten** abzustellen. Die Kassiererin müsste also mit **Verfügungswissen** gehandelt haben. Bei an der Kasse vorgelegten Waren ist davon auszugehen, dass die Kassiererin als Stellvertreterin des Geschäftsinhabers bewusst ihr Einverständnis in den Gewahrsamsübergang erklärt. Die Kassiererin übereignet willentlich als Vertreterin des Geschäftsinhabers B die Bohrmaschine, was zu einer Vermögensminderung bei dem Geschäftsbesitzer führt. Folglich liegt kein Einverständnis in eine Wegnahme, sondern eine Verfügung vor.

cc) Vermögensschaden

Durch die Vermögensverfügung des Getäuschten muss dessen Vermögen oder das Vermögen eines anderen unmittelbar geschädigt werden.
Im Rahmen von Austauschverhältnissen ist ein Schaden zu bejahen, wenn ein Vergleich der Vermögenslage vor und nach der Verfügung ergibt, dass die **Vermögensminderung nicht unmittelbar durch ein vermögenswertes Äquivalent ausgeglichen wurde**. Die Kassiererin hat über einen Bohrer im Wert von 229 Euro verfügt und dafür von B lediglich 99 Euro erhalten. Im Wege der Gesamtsaldierung ergibt sich ein Schaden von 130 Euro. Allerdings tritt dieser Schaden nicht bei der Kassiererin, sondern bei dem Geschäftsbesitzer auf.

Fraglich ist, wie es sich auswirkt, dass Verfügende und Geschädigter nicht identisch sind. Es kann unschädlich sein, dass durch die Handlung des Getäuschten das Vermögen eines Dritten geschädigt wird (**Dreiecksbetrug**). Die fehlende Identität von Verfügendem und Vermögensträger wird aber nur dann überwunden, wenn eine Nähebeziehung des Verfügenden zum Geschädigten besteht. Die Kassiererin stand aufgrund ihres Arbeitsvertrages mit dem Geschäftsbesitzer in einer **Nähebeziehung**. Also ist es **unerheblich**, dass der Schaden nicht bei ihr, sondern bei dem Geschäftsbesitzer eintritt.
Folglich liegt durch die Vermögensverfügung ein Vermögensschaden vor.

b) Subjektiver Tatbestand

B wollte bewusst die Kassiererin über den Wert des Bohrers täuschen, um in ihr einen Irrtum hervorzurufen. Er hatte vor, die Kassiererin zu einer, einen Vermögensschaden nach sich ziehenden, irrtumsbedingten Vermögensverfügung zu bewegen. B hatte ferner die Absicht, sich einen rechtswidrigen Vermögensvorteil zu verschaffen, der mit dem Schaden stoffgleich ist.

2. Rechtswidrigkeit und Schuld

Die Tat war rechtswidrig und schuldhaft.

Ergebnis: B hat sich des Dreiecksbetruges durch Täuschung der Kassiererin zu Lasten des Geschäftsinhabers gemäß § 263 schuldig gemacht.

VI. Konkurrenzen

§ 267 I Var. 2 und § 267 I Var. 3 könnten in Idealkonkurrenz stehen. Dazu müsste der Gebrauch der Urkunde schon bei der Verfälschung dem Täterplan entsprochen haben. B hatte von Anfang an vor, die verfälschte Urkunde an der Kasse zu gebrauchen. Also liegt nur eine Urkundenfälschung vor.
Die Urkundenunterdrückung gemäß § 274 I Nr. 1 2.Hs. Var. 3 tritt hinter die Verfälschung der Urkunde zurück.
Die §§ 263 und 267 könnten in Idealkonkurrenz zueinander stehen. Dazu müsste mit der verfälschten Urkunde die Täuschungshandlung vorgenommen worden sein. B hat mit der verfälschten Urkunde die Kassiererin getäuscht. Folglich stehen die §§ 263 und 267 in Idealkonkurrenz.

Fall 16

Sachverhalt

Der US-amerikanische Radsportler Stark-Arm (S) macht Urlaub in Köln. Dort bietet der schmächtige Ulrich (U) Stadttouren auf seiner Fahrrad-Rikscha an. S entschließt sich, eine Tour mit U zu machen. Als S einige Zeit mitangesehen hat, wie U sich trotz Dopings langsam durch die Stadt quält, kribbelt es ihm in den Füßen und er sagt zu U: „Wenn du mir nicht sofort deine Rikscha hergibst, wird gleich dein Fahrradschlauch platzen, so dass du stürzt und blutend am Boden liegst." U, der zwar große Angst um seine Gesundheit bekommt, sich aber noch mehr um den Erhalt seiner Rikscha bangt, bleibt im Sattel, bis ihn S brutal davon herunterwirft. U kann sich nicht dagegen wehren, dass S, der die Rikscha an U auf jeden Fall zurückgeben will, sein Gefährt für eine kleine Rundfahrt nutzt.
Dann düst er damit 100 km quer durch die Stadt und lässt es schließlich mitten auf einer viel befahrenen Straße zurück, um sicher zu gehen, dass U es auch zurückbekommt. Da viele Autos die Rikscha erst spät bemerken, kommt es zu mehreren Beinahe-Unfällen, bis sie schließlich durch die alarmierte Polizei entfernt wird. Dass es zu Unfällen kommen könnte, bei denen die körperliche Unversehrtheit von anderen Straßenverkehrsteilnehmern gefährdet wird, hatte S billigend in Kauf genommen.
Wie hat sich S strafbar gemacht, wenn er von Anfang die Rikscha zurückgeben wollte?

Lösung Fall 16

I. Strafbarkeit gemäß § 249 I

S könnte sich wegen Raubes gemäß § 249 I strafbar gemacht haben, indem er den U zwang, ihm seine Rikscha zu überlassen.

1. Tatbestand

a) Objektiver Tatbestand

Die Rikscha ist eine fremde bewegliche Sache und damit taugliches Tatobjekt. Indem S den Gewahrsam des U an der Rikscha gegen dessen Willen aufgehoben und eigenen daran begründet hat, hat er sie weggenommen. Dabei müsste S **qualifizierte Nötigungsmittel angewendet** haben. In Betracht kommen Drohungen mit gegenwärtiger Gefahr für Leib oder Leben des U, § 249 I Var. 2. **Drohung** ist das Inaussichtstellen eines empfindlichen Übels (**konkret einer gegenwärtigen Gefahr für Leib oder Leben**), auf dessen Eintritt der Drohende Einfluss zu haben vorgibt. Vorliegend stellt S in Aussicht, dass der Fahrradschlauch des U platzen wird und er deshalb stürzen und sich verletzen wird. Darin liegt eine Gefahr für die körperliche Unversehrtheit des U, die auch gegenwärtig ist, da sie unmittelbar bevorsteht. Dabei ist unbeachtlich, dass S sie nicht tatsächlich herbeiführen kann, weil es nur darauf ankommt, dass der **Anschein der Ernstlichkeit** erweckt werden soll. Aufgrund der drastischen Formulierung sollte bewirkt werden, dass U ernsthaft befürchtet, dass ihm etwas zustoßen wird. Ob U dies tatsächlich geglaubt hat ist unbeachtlich, da die Drohung mit einer Gefahr für seinen Leib als qualifiziertes Nötigungsmittel nur **final (*nicht kausal* wie bei der Nötigung nach § 240)** mit dem Nötigungserfolg der Wegnahme verknüpft sein muss. Deshalb liegt eine Drohung i.S.d. § 249 I Var. 2 vor. Außerdem liegt durch die Ausübung physischen Zwangs durch das Stoßen vom Sattel auch **Gewalt** vor, § 249 I Var. 1.

b) Subjektiver Tatbestand

S müsste auch vorsätzlich, also mit Wissen und Wollen hinsichtlich der Tatbestandsverwirklichung gehandelt haben. S hatte Vorsatz bezüglich der Wegnahme einer fremden beweglichen Sache bei Einsatz eines qualifizierten Nötigungsmittels. Zudem müsste er auch **Zueignungsabsicht** gehabt haben. Wie beim Diebstahl setzt dies die Absicht voraus, die Sache sich oder einem Dritten zumindest vorübergehend ins Vermögen zu überführen (**Aneignungsabsicht**), verbunden mit dem zumindest bedingt vorsätzlichen Willen, den Berechtigten dauerhaft aus seiner faktischen Eigentümerstellung zu entheben (**Enteignungsvorsatz**). S wollte zielgerichtet vorübergehend eine faktische Eigentümerstellung über die Rikscha erlangen, hatte also Aneignungsabsicht. Da er jedoch im Zeitpunkt der Wegnahme dem U die Rikscha wieder zurückgeben wollte, fehlt es ihm am Enteignungsvorsatz. Da die überschießende Innentendenz bei S nicht gegeben ist, ist der subjektive Raubtatbestand nicht erfüllt.

Ergebnis: S hat sich nicht wegen Raubes gemäß § 249 I strafbar gemacht.

II. Strafbarkeit gemäß §§ 253 I, 255

S könnte sich wegen räuberischer Erpressung gemäß §§ 253 I, 255 strafbar gemacht haben, indem er den U zwang, ihm seine Rikscha zu überlassen.

1. Tatbestand

a) Objektiver Tatbestand

aa) S müsste den U zuerst genötigt haben. **Nötigen** heißt, einem anderen ein ihm widerstrebendes Handeln aufzuzwingen. S hat den U gezwungen, ihm seine Rikscha zu überlassen, ihn also genötigt.

bb) Dabei müsste er ein **qualifiziertes Nötigungsmittel** i.S.d. § 255 angewandt haben. Die Nötigungsmittel bei § 255 sind mit denen bei § 249 identisch. Wie gezeigt, hat S mit einer gegenwärtigen Gefahr für den Leib des U gedroht und Gewalt gegen ihn ausgeübt, also qualifizierte Nötigungsmittel angewendet.

cc) Dadurch müsste er **kausal einen Nötigungserfolg**, also ein Dulden, Tun oder Unterlassen bewirkt haben. In Betracht kommt hier das Überlassen der Rikscha durch U an S. Da U diese aber nicht an S übergibt, sondern dieser sie sich vielmehr nimmt, stellt sich die Frage, ob die (räuberische) Erpressung eine Vermögensverfügung voraussetzt.

aaa) Die **Rechtsprechung** betrachtet den Raub als Spezialfall der räuberischen Erpressung, so dass in allen Fällen der Verwirklichung des objektiven Tatbestands von § 249 I auch § 255 erfüllt ist. **Praktisch führt das dazu, dass auch die mit vis absoluta (unwiderstehlichem Zwangs) erzwungene Duldung der Wegnahme, also Fälle des Fehlens einer Vermögensverfügung, von der räuberischen Erpressung erfasst ist.** Die Abgrenzung zwischen § 249 und § 255 erfolgt dabei nach Ansicht des BGH im Prinzip nach dem **äußeren Erscheinungsbild** des Nehmens oder Gebens, wobei dieses aber unmaßgeblich ist, wenn es an der Zueignungsabsicht fehlt. Vorliegend war es U aufgrund des unwiderstehlichen Zwangs, der im Stoß vom Sattel liegt, nicht möglich, sich gegen die Wegnahme seiner Rikscha zu wehren. Nach dem äußeren Erscheinungsbild liegt ein Nehmen der Rikscha durch S vor, was eigentlich zur Annahme eines Raubes führen würde, mangels Zueignungsabsicht aber als räuberische Erpressungshandlung zu werten ist.

bbb) Die Gegenansicht **in der Literatur** verlangt demgegenüber bei der Erpressung stets eine Vermögensverfügung, in Ermangelung derer vorliegend eine Bestrafung des S aus § 255 ausbleiben müsste, so dass nur der Rückgriff auf §§ 240, 248b bliebe.

ccc) Da die Ansichten zu unterschiedlichen Ergebnissen führen, ist der Streit mit den Methoden der Auslegung zu entscheiden. Die Betrachtung des **Wortlauts** von §§ 253, 255 führt nicht weiter, da zwar keine Vermögensverfügung vorausgesetzt wird, das Hineinlesen dieses Tatbestandsmerkmals in die Normen aber auch nicht gegen § 1 verstößt. Aus **systematischer** Sicht könnte die Erpressung als Selbstschädigungsdelikt gleich dem Betrug zu klassifizieren sein, wohingegen der Raub als Fremdschädigungsdelikt einzuordnen ist, so dass aus Gründen der Ähnlichkeit von Betrug und Erpressung auch bei letzterer eine Vermögensverfügung zu fordern wäre.

Allerdings ist die Ähnlichkeit von Betrug und Erpressung eine zirkuläre und nicht belegte Hypothese, denn mit der Behauptung der *Raub*ähnlichkeit der Erpressung könnte man ebenso gut das Erfordernis einer Vermögensverfügung ablehnen. Die von der Rechtsprechung vertretene Ansicht wirft das Problem auf, **dass dann kaum**

noch Fälle des Raubes übrig blieben, was der Gesetzgeber schwerlich gewollt haben kann. Nur weil der Gesetzgeber vielleicht ungenau gearbeitet hat, kann dies nicht zu einer restriktiven Auslegung des Erpressungstatbestands führen. Schließlich ist noch systematisch zu beachten, dass bei der mit § 253 insoweit wortgleichen Nötigung (§ 240) das Merkmal der Duldung ebenfalls so ausgelegt wird, dass vis absoluta ausreicht. Deshalb kann nicht bei § 253 eine Vermögensverfügung gefordert werden, die bei Gewalt in Form von vis absoluta gerade entfällt. Es darf auch die **teleologische Auslegung** nicht unberücksichtigt bleiben. Hier schlägt insbesondere der Gedanke durch, **dass gleiches Unrecht mit der gleichen Strafandrohung belegt sein muss.** Der Unterschied zwischen einer mit oder ohne Zueignungsabsicht begangenen Wegnahme mit qualifizierten Nötigungsmitteln ist marginal und für das Opfer sogar unmerklich, wenn es die Sache nicht zurückerhält. Folglich ergibt nur eine einheitliche Strafdrohung Sinn. Dies kann aber nur erreicht werden, wenn man bei der (räuberischen) Erpressung keine Vermögensverfügung verlangt und damit in beiden Fällen zu einer Bestrafung nach dem Strafrahmen aus § 249 gelangt. Aus alledem folgt, dass bei der (räuberischen) Erpressung keine Vermögensverfügung zu fordern ist, so dass auch im vorliegenden Fall der mit vis absoluta erzwungenen Duldung der Wegnahme ein tauglicher Nötigungserfolg i.S.d. § 255 zu erblicken ist.

dd) U müsste dadurch auch ein **Vermögensnachteil** entstanden sein. Da U die Ausübung seines Besitzrechts, das ihm als Eigentümer zustand, verwehrt war, hat er einen Vermögensnachteil erlitten. Auch konnte U keine gewinnbringenden Stadttouren während dieser Zeit machen.

b) Subjektiver Tatbestand

Da S mit Wissen und Wollen hinsichtlich der Tatbestandsverwirklichung handelte, hatte er Vorsatz. Er müsste auch Bereicherungsabsicht gehabt haben, also den zielgerichteten Willen zur Verbesserung seiner Vermögenslage. Im Erlangen des tatsächlichen Besitzes (§ 854 I BGB) ist eine solche Verbesserung der Vermögenslage zu sehen. Da S diesbezüglich Vorsatz in Form des dolus directus I. Grades hatte, hatte er auch Bereicherungsabsicht. Die Rechtswidrigkeit der Bereicherung sowie Vorsatz diesbezüglich liegen vor, ebenso Stoffgleichheit zwischen der erstrebten und der erhaltenen Bereicherung.

2. Rechtswidrigkeit und Schuld

S handelte rechtswidrig und schuldhaft. Verwerflichkeit im Sinne des § 253 II liegt vor.

Ergebnis: S hat sich wegen räuberischer Erpressung gemäß §§ 253 I, 255 strafbar gemacht.

III. Strafbarkeit gemäß § 316a I

S könnte sich wegen räuberischen Angriffs auf Kraftfahrer gemäß § 316a I strafbar gemacht haben, indem er U von der Rikscha stieß, um mit dieser eine Tour zu unternehmen. Da die Rikscha jedoch mangels Motorisierung kein Kraftfahrzeug (Legaldefinitionen in § 1 II StVG / § 248b IV) und U somit auch kein Führer eines solchen ist, ist der objektive Tatbestand nicht gegeben.

Ergebnis: S hat sich nicht wegen räuberischen Angriffs auf Kraftfahrer gemäß § 316a I strafbar gemacht.

IV. Strafbarkeit gemäß § 248b

S könnte sich wegen unbefugten Gebrauchs eines Fahrzeugs gemäß § 248b I strafbar gemacht haben.
Die Fahrrad-Rikscha ist ein taugliches Tatobjekt. Indem S sie zu Fortbewegungszwecken genutzt hat, hat er sie in Gebrauch genommen. Dies geschah auch gegen den Willen des berechtigten U. Dabei handelte S vorsätzlich, sowie rechtswidrig und schuldhaft.

Ergebnis: S hat sich wegen unbefugten Gebrauchs eines Fahrzeugs gemäß § 248b I strafbar gemacht. Ein Strafantrag ist gemäß § 248b III erforderlich.

V. Strafbarkeit gemäß § 315c I Nr. 2g

S könnte sich wegen Gefährdung des Straßenverkehrs gemäß § 315c I Nr. 2g strafbar gemacht haben, indem er die Rikscha mitten auf einer viel befahrenen Straße zurückließ.

1. Tatbestand

a) Objektiver Tatbestand

In objektiver Hinsicht erfordert § 315c I entweder das Fahren in einem fahruntauglichen Zustand (Nr. 1) oder die Verwirklichung einer der sog. „7 Todsünden" (Nr. 2). In Betracht kommt hier ein Verkehrsverstoß durch ungenügende Kenntlichmachung eines haltenden Fahrzeugs.

aa) Anders als etwa in § 316a ist kein Kraftfahrzeug erforderlich, so dass auch eine Fahrrad-Rikscha als Tatobjekt (**Fahrzeug**) in Betracht kommt. Eine Tat im **Straßenverkehr** liegt vor.

bb) Bei einspurigen Fahrzeugen wie der Rikscha verlangt die StVO in § 17 IV 4 die unverzügliche Beseitigung von der Fahrbahn. Daraus erwächst keine Pflicht zur Kenntlichmachung. Allerdings ist die straßenverkehrsrechtliche Regelung für die strafrechtliche Beurteilung eines Sachverhaltes nicht zwingend, so dass auch Konstellationen zu einer Strafbarkeit nach § 315c führen können, die nicht explizit gegen die Detailregelungen der StVO verstoßen. Um die Einheit der Rechtsordnung zu wahren, muss aber zumindest ein Verstoß gegen das Rücksichtnahmegebot aus § 1 I StVO vorliegen. Durch das ungesicherte Abstellen des Fahrrads mitten auf der Fahrbahn hat S eine Verfehlung gemäß § 315c I Nr. 2g begangen.

cc) Dies müsste auch **grob verkehrswidrig und rücksichtslos** geschehen sein. Erforderlich ist also eine besonders schwere Verfehlung, die aus Gleichgültigkeit gegenüber anderen Verkehrsteilnehmern begangen wird. Indem S die Rikscha auf einer viel befahrenen Straße zurückließ und dabei indifferent hinsichtlich möglicher Unfälle war, handelte er auch grob verkehrswidrig und rücksichtslos.

dd) Dadurch müsste er auch Leib oder Leben eines anderen Menschen oder fremde Sachen von bedeutendem Wert gefährdet haben. Da es zu mehreren Beinahe-Unfällen kam, hing der Schadenseintritt nur vom Zufall ab, so dass eine **konkrete Gefährdung von Menschen und Sachen vorlag**.

b) Subjektiver Tatbestand
S handelte vorsätzlich hinsichtlich der Tatbestandsverwirklichung. Insbesondere hatte er einen Gefährdungsvorsatz (in Form von dolus eventualis), indem er das Entstehen von Beinahe-Unfällen billigend in Kauf nahm. Somit ist kein Rückgriff auf die Vorsatz-Fahrlässigkeits-Kombination (III Nr. 1) oder auf die rein fahrlässige Begehungsweise (III Nr. 2) erforderlich.

2. Rechtswidrigkeit / Schuld
S handelte rechtswidrig und schuldhaft.

Ergebnis: S hat sich wegen Gefährdung des Straßenverkehrs gemäß § 315c I Nr. 2g strafbar gemacht.

VI. Strafbarkeit gemäß § 315b I Nr. 2
S könnte sich wegen gefährlichen Eingriffs in den Straßenverkehr gemäß § 315b I Nr. 2 strafbar gemacht haben, indem er die Rikscha mitten auf der Straße zurückließ.

1. Tatbestand

a) Objektiver Tatbestand

aa) S könnte durch das Zurücklassen der Rikscha ein Hindernis bereitet haben. In objektiver Hinsicht setzt § 315b grundsätzlich einen verkehrsfremden Eingriff voraus, so dass das Zurücklassen der Rikscha als Tathandlung ausscheiden müsste. Allerdings ist auch ein bewusst verkehrswidriges Verhalten im Einzelfall vom Begriff des Eingriffs erfasst, nämlich dann, wenn **der Verkehrsvorgang pervertiert** wird. Es geht um Fälle der bewussten Zweckentfremdung des Fahrzeugs, wobei (in subjektiver Hinsicht) ein zumindest bedingter Schädigungsvorsatz zu verlangen ist. Indem S die Rikscha mitten auf die Straße gestellt hat, hat er sie nicht als Verkehrsmittel genutzt, sondern als Bollwerk missbraucht, so dass ein Eingriff in der Form des Hindernisbereitens anzunehmen ist.

bb) Indem es zu mehreren Beinahe-Unfällen kam, wurde damit auch die Sicherheit des Straßenverkehrs beeinträchtigt.

cc) Wie bereits dargelegt, wurden dadurch auch Menschen und Sachen konkret gefährdet. Ein Gefährdungserfolg ist damit kausal und zurechenbar eingetreten.

b) Subjektiver Tatbestand

S handelte mit Wissen und Wollen hinsichtlich aller objektiven Tatbestandsmerkmale, also vorsätzlich. Insbesondere hatte er den Gefährdungsvorsatz, der bei einem Eingriff durch verkehrswidriges Verhalten stets vorliegen muss. Da dieser Vorsatz nur in Form des dolus eventualis vorlag, liegt kein qualifizierter Fall i.S.d. § 315b III i.V.m. § 315 III vor.

2. Rechtswidrigkeit / Schuld

S handelte rechtswidrig und schuldhaft.

Ergebnis: S hat sich wegen gefährlichen Eingriffs in den Straßenverkehr gemäß § 315b I Nr. 2 strafbar gemacht.

Endergebnis und Konkurrenzen

Der unbefugte Gebrauch der Rikscha tritt im Wege der formell angeordneten Subsidiarität (§ 248b I a.E.) hinter § 255 zurück.

S hat sich wegen räuberischer Erpressung in Tatmehrheit mit in Idealkonkurrenz stehender Straßenverkehrsgefährdung und schwerem Eingriff in den Straßenverkehr gemäß §§ 253 I, 255; 315c I Nr. 2g, 315b I Nr. 2, 52; 53 strafbar gemacht.

Fall 17

Sachverhalt

S besorgt sich eine Schusswaffe und lungert in der Nähe eines Bankautomaten herum, bis ein Bankkunde (B) auftaucht, der ein dickes Bündel Scheine aus dem Automaten zieht. Sofort nähert er sich diesem, fuchtelt wild mit der Waffe herum und droht, abzudrücken, wenn ihm nicht sofort das Geld ausgehändigt werde. Bevor B jedoch reagieren kann, löst sich ein Schuss aus der Waffe, der ihn tödlich trifft. S ist über den Verlauf des Geschehens schockiert und ergreift die Flucht, ohne das Geldbündel an sich zu nehmen.
Wie hat er sich strafbar gemacht?

Lösung Fall 17

I. Strafbarkeit gemäß §§ 249, 250 II Nr. 1, 251, 22, 23

S könnte sich durch das Bedrohen des B mit der Waffe um die Herausgabe des Geldes zu erzwingen und das Versterben des B aufgrund des gelösten Schusses wegen versuchten schweren Raubes mit Todesfolge gemäß §§ 249, 250 II Nr.1, 251, 22, 23 strafbar gemacht haben.

1. Nichtvollendung der Tat und Strafbarkeit des Versuches

Eine Wegnahme des Geldes lag nicht vor, somit ist Nichtvollendung gegeben. Der versuchte schwere Raub ist strafbar gemäß §§ 12 I, 23 I.

2. Tatbestand

a) S hätte mit vollem **Tatentschluss** im Hinblick auf die Tatbestandsmerkmale des schweren Raubes handeln müssen. Er hatte die Wegnahme des Geldes, d.h. den Bruch fremden und die Begründung neuen Gewahrsams, geplant. Dies wollte er durch die Bedrohung mit der Waffe erreichen. Zudem wollte er sein Opfer enteignen und sich das Geld aneignen, so dass er auch mit Zueignungsabsicht handelte. S hatte somit Tatentschluss bezüglich aller Tatbestandsmerkmale des § 249 sowie der Qualifikation des § 250 II Nr. 1

b) S hätte zum versuchten schweren Raub **unmittelbar ansetzen** müssen. Er bedrohte sein Opfer mit der Waffe, so dass hier eine Teilverwirklichung des Tatbestandes vorliegt, ein unmittelbares Ansetzen ist daher unproblematisch zu bejahen.

3. Erfolgsqualifikation

Fraglich ist, ob auch die Erfolgsqualifikation des § 251 hinzugetreten ist. Erfolgsqualifizierte Delikte sind Qualifikationen, die ein bestimmtes Grunddelikt um die Voraussetzung eines bestimmten, zumindest fahrlässig herbeigeführten, Erfolges (siehe § 18) erweitern, und daran eine höhere Strafandrohung knüpfen.

Im vorliegenden Fall ist das Grunddelikt im Versuchsstadium stecken geblieben, die schwere Folge, der Tod des Opfers, ist jedoch eingetreten. Zunächst ist fraglich, ob bei einem erfolgsqualifizierten Delikt ein Versuch überhaupt möglich ist.

a) Nach einer Ansicht **genügt ein versuchtes Grunddelikt nie** für die Strafbarkeit des **erfolgsqualifizierten Versuchs**, da Anknüpfungspunkt für die schwere Folge nur das vollendete Grunddelikt sein könne. Nach dieser Ansicht wäre der Versuch nicht strafbar.

b) Nach anderer Ansicht ist es immer **ausreichend, wenn das Grunddelikt nur versucht** war. Danach wäre der Versuch im vorliegenden Fall strafbar.

c) Schließlich wird nach einer dritten Ansicht die Strafbarkeit davon abhängig gemacht, ob bereits die Tathandlung des Grunddelikts geeignet ist, den Erfolg der Qualifikation herbeizuführen (**Handlungsgefährlichkeit**), oder der tatbestandliche Erfolg den Anknüpfungspunkt der schweren Folge darstellt (**Erfolgsgefährlichkeit**). Beim Raub mit Todesfolge, § 251, birgt gerade die Gewaltanwendung die Gefahr einer Tötung in sich, so dass die schwere Folge, der Tod des Opfers, an die Gewaltanwendung anknüpft und nicht an die Wegnahme. Somit knüpft bei § 251 die Folge an die Handlung und nicht an den Erfolg des Grunddelikts an; ein erfolgsqualifizierter Versuch des Raubes ist nach dieser Ansicht also möglich.

d) Für die zuletzt genannte Ansicht spricht, dass sie dem Charakter der erfolgsqualifizierten Delikte am ehesten gerecht wird. So kann sich im Eintritt der schweren Folge bereits die Gefährlichkeit des Grunddelikts manifestieren, ohne dass dieses bereits vollendet wurde. Dies muss sich in der Strafbarkeit widerspiegeln. Somit ist der zuletzt genannten Ansicht zu folgen.

4. Rechtswidrigkeit und Schuld

Rechtfertigungsgründe sind nicht ersichtlich. S handelte somit rechtswidrig. Er handelte auch schuldhaft.

5. Rücktritt

S könnte dadurch, dass er den Tatort verließ, ohne das Geld mitzunehmen, vom versuchten Raub mit Todesfolge gemäß § 24 zurückgetreten sein. Fraglich ist jedoch, ob ein **Rücktritt vom erfolgsqualifizierten Versuch**, bei dem das Grunddelikt also nicht vollendet, die schwere Folge aber eingetreten ist, überhaupt möglich ist.

a) Nach einer Ansicht kommt in solchen Fällen ein strafbefreiender Rücktritt nicht mehr in Betracht, da trotz formeller Nichtvollendung des Grundtatbestandes im Hinblick auf den Eintritt der schweren Folge bereits **die typische Gefahr des**

erfolgsqualifizierten Delikts eingetreten ist und das Delikt insofern materiell vollendet.

b) Der BGH bejaht die Möglichkeit des Rücktritts auch nach Eintritt der schweren Folge. Nach dieser Ansicht bliebe dann nur die Strafbarkeit wegen fahrlässiger Herbeiführung der schweren Folge, hier § 222, bestehen.

c) Für die zweite Ansicht spricht der Wortlaut des § 24. Danach kann der Täter von der „Tat", **also vom Grunddelikt**, zurücktreten. § 24 verbietet den Rücktritt nicht im Fall, dass ein Erfolg der Qualifikation eingetreten ist, also muss auch dann ein Rücktritt zulässig sein. Gegen die zuerst genannte Ansicht spricht daher, dass sie die Rücktrittsmöglichkeiten zu Lasten des Täters einschränkt und deshalb nicht mit Art. 103 GG zu vereinbaren ist. Somit ist auch ein **Rücktritt vom erfolgsqualifizierten Versuch möglich**.

aa) Es müssten die Voraussetzungen für einen Rücktritt erfüllt worden sein.
Ein Rücktritt kommt nur in Betracht, wenn kein fehlgeschlagener Versuch vorliegt. Ein **fehlgeschlagener Versuch** liegt vor, wenn der Täter aus seiner Sicht den Erfolgseintritt in unmittelbaren räumlichen oder zeitlichen Zusammenhang nicht mehr herbeiführen kann. S hätte nach Versterben des B jedoch das Geld an sich nehmen können und war sich dessen auch bewusst. Somit lag kein fehlgeschlagener Versuch vor.

bb) Ob S bestimmte Handlungen vornehmen musste (vgl. § 24 I 1 Var. 2) oder ob das Aufgeben der Tat für einen Rücktritt ausreichend ist (vgl. § 24 I 1 Var. 1), entscheidet sich danach, ob es sich um einen **beendeten oder unbeendeten Versuch** handelt. Unbeendet ist ein Versuch dann, wenn der Täter noch nicht alles getan hat, was nach seiner Vorstellung von der Tat zur Erfolgsherbeiführung notwendig ist. Für die Abgrenzung maßgeblich ist die Vorstellung des Täters nach Abschluss der letzten Ausführungshandlung, sog. **Rücktrittshorizont**. Im vorliegenden Fall war S sich bewusst, dass er das Geld noch nicht an sich genommen hatte; der Versuch war daher unbeendet. **Bei einem unbeendeten Versuch reicht es aus, die weiteren Ausführungshandlungen aufzugeben**. Die Vornahme weiterer Handlungen ist nicht erforderlich.

cc) Des Weiteren müsste die Rücktrittshandlung, also hier das Aufgeben der Tat, gemäß § 24 I Var. 1 freiwillig erfolgen. **Freiwilligkeit** liegt dann vor, wenn der Täter durch autonome Motive zum Rücktritt veranlasst wird. S war im vorliegenden Fall vom Verlauf des Geschehens schockiert, er wurde nicht von äußeren Umständen, wie der Gefahr einer Entdeckung, zum Rücktritt bewogen. Somit erfolgte der Rücktritt aufgrund autonomer Motive.

Ergebnis: S ist strafbefreiend vom versuchten schweren Raub mit Todesfolge zurückgetreten und hat sich daher nicht gemäß §§ 249, 250,II Nr. 1, 22, 23, 251 strafbar gemacht.

II. Strafbarkeit gemäß § 222

S könnte sich durch den Schuss auf B wegen fahrlässiger Tötung gemäß § 222 strafbar gemacht haben.

1. Tatbestand

a) Erfolgseintritt und Kausalität

Zunächst müsste der von § 222 vorausgesetzte Erfolg, also der Tod des Opfers, eingetreten sein. B wurde tödlich getroffen, so dass ein Erfolgseintritt gegeben ist. Dieser Erfolg beruhte auch kausal auf den Handlungen des S.

b) Objektive Sorgfaltspflichtverletzung und objektive Vorsehbarkeit

S müsste die im Verkehr erforderliche Sorgfalt außer Acht gelassen haben, und der Eintritt des tatbestandlichen Erfolges müsste objektiv vorhersehbar gewesen sein. Der Inhalt der Sorgfaltspflicht besteht darin, gefährliche Handlungen nur unter entsprechenden Sicherheitsvorkehrungen vorzunehmen bzw. ganz zu unterlassen. Das Bedrohen einer anderen Person mit einer geladenen und entsicherten Schusswaffe stellt ein **verkehrswidriges und somit auch sorgfaltswidriges Verhalten** dar. Die objektive Vorhersehbarkeit ist dann gegeben, wenn der Erfolg in seiner konkreten Gestalt und der wesentliche Kausalverlauf nicht so sehr außerhalb der Lebenserfahrung liegen, dass nicht damit zu rechnen war. Beim Herumfuchteln mit einer geladenen Waffe ist stets damit zu rechnen, dass sich aus dieser ein Schuss löst. Folglich war der Erfolg auch objektiv vorhersehbar.

c) Objektive Zurechnung

Die objektive Zurechnung zwischen Sorgfaltspflichtverletzung und Erfolg ist nur dann gegeben, wenn der konkrete tatbestandliche Erfolg bei sorgfaltsgerechtem Verhalten vermeidbar gewesen wäre und sein Eintritt gerade auf der Verwirklichung von Gefahren beruht, die nach dem Schutzzweck der verletzten Norm verhütet werden sollen (**Pflichtwidrigkeitszusammenhang**). Hätte S den B nicht mit der Waffe bedroht, dann wäre dieser nicht an der Schussverletzung verstorben, der Erfolg wäre demnach bei sorgfaltsgerechtem Verhalten **vermeidbar** gewesen. In dem eingetretenen Erfolg hat sich auch das von § 222 verbotene Risiko und nicht ein völlig anderes, verwirklicht. Die objektive Zurechnung ist somit zu bejahen.

2. Subjektive Sorgfaltspflichtverletzung und subjektive Vorhersehbarkeit liegen vor.

3. Rechtswidrigkeit und Schuld sind ebenfalls gegeben.

Ergebnis: S hat sich demnach wegen fahrlässiger Tötung gemäß § 222 strafbar gemacht.

Sachverhalt

A und möchte sich einen BMW zulegen. Da er nicht über das nötige Kleingeld verfügt, begibt er sich zu dem Gebrauchtwagenhändler B, da er hofft, ein günstiges gebrauchtes Modell zu finden.

B hat in der Tat einen BMW auf seinem Hof stehen. Dieser Wagen war vor ein paar Monaten in einen schweren Unfall auf der Autobahn verwickelt. B hat den Wagen jedoch wieder herrichten lassen, und Unfallspuren sind nicht erkennbar. A ist von dem Wagen sofort angetan und fragt B, ob mit dem Wagen denn alles in Ordnung sei. B antwortet, dass „es an dem Wagen nichts zu beanstanden gebe und dieser wie eine Eins laufe". Von dem Unfall erwähnt er nichts, weil er ahnt, dass A den Wagen dann vielleicht nicht kaufen würde.

A fragt B, ob sich an den BMW eine Anhängerkupplung anbauen lasse, da er an den Wochenenden seine Freundin zu Pferdeturnieren fahren muss. Er erklärt B, dass er den Wagen andernfalls nicht gebrauchen könne, da er nur einen Wagen kaufen könne, an den man eine Anhängerkupplung anbringen kann. B erklärt dem A wahrheitswidrig, dass er unproblematisch eine solche Anhängerkupplung anbringen könne. Allerdings könne er dies nicht erledigen, da er nicht die Vorrichtung dafür habe. Nach einer Probefahrt ist A damit einverstanden, den Wagen zu einem Preis von 3000 Euro zu kaufen. Dies entspricht dem allgemeinen Listenpreis, den B für einen solchen Unfallwagen hätte erhalten können. A zahlt den Kaufpreis für den Wagen sofort bar und nimmt diesen mit. Als B einige Tage später in eine Werkstatt fährt, um sich die gewünschte Anhängerkupplung anbauen zu lassen, erfährt er, dass dies bei dem gekauften BMW-Modell nicht möglich ist. A ficht den Kaufvertrag erfolgreich an.

Wie hat sich B nach dem StGB strafbar gemacht?

Lösung Fall 18

I. Strafbarkeit gemäß § 263 I

B könnte sich eines Betruges gemäß § 263 I strafbar gemacht haben, indem er dem A verschwiegen hat, dass es sich bei dem Pkw um einen Unfallwagen handelt, bei dem keine Anhängerkupplung anzubauen ist.

1. Tatbestand

a) Objektiver Tatbestand

aa) Täuschung

Zunächst müsste B eine Täuschungshandlung vorgenommen haben. Darunter versteht man die Einwirkung auf das Vorstellungsbild eines anderen um eine Irrtum über Tatsachen hervorzurufen. Eine Täuschung kann sich nur auf Tatsachen beziehen, also auf alle vergangenen oder gegenwärtigen Geschehnisse, die einem Beweis zugänglich sind.

Zunächst kommt eine Täuschungshandlung bezüglich der **Anhängerkupplung** in Betracht. B wusste, dass an den BMW keine solche Kupplung anzubauen ist. Dennoch spiegelt er A vor, dies sei unproblematisch möglich. Dass in Wirklichkeit eine solche Kupplung nicht anzubauen ist, ist einem Beweis zugänglich und damit eine Tatsache. Damit wirkt B auf das Vorstellungsbild des A ein und nimmt daher eine aktive Täuschung vor.

Fraglich ist, ob B auch darüber getäuscht hat, dass es sich um einen **Unfallwagen** handelt. B hat A aktiv gar keine Auskunft über den Unfallzustand des Wagens gegeben. Er hat ihm gar nichts dazu gesagt, also auch nicht, dass es sich nicht um einen Unfallwagen handelt. Daher ist fraglich, ob es sich um eine **konkludente Täuschung** handelt, also durch schlüssiges Verhalten oder eine Täuschung durch Unterlassen. Die beiden Täuschungsformen sind voneinander abzugrenzen. Eine **Täuschung durch Unterlassen** kann nur vorliegen, soweit eine Garantenstellung des Täters besteht. Allein die Tatsache, dass der Täter mehr weiß als das Opfer, macht noch keine Täuschungshandlung aus. Die konkludente Täuschung ist aber vor der Täuschung durch Unterlassen zu prüfen, da sie ein aktives Tun darstellt. Eine konkludente Täuschung liegt bei einem Verhalten vor, das nach der Verkehrsanschauung als stillschweigende Erklärung, also aktives Tun, über eine Tatsache zu verstehen ist.

Bei dem Kauf eines gebrauchten Autos kommt es dem Käufer entscheidend auf den Gesamtzustand des Autos an. Gerade bei gebrauchten Pkw ist es maßgeblich, ob ein Unfall bereits geschehen ist oder nicht. **Selbst wenn ein Käufer nicht explizit nach einem Unfallschaden fragt, kann nach der allgemeinen Verkehrsanschauung davon ausgegangen werden, dass die Auskunft über einen solchen Zustand verkehrswesentlich für den Kauf ist.** A fragt B, ob mit dem Wagen alles in Ordnung sei. In der Antwort des B, es gäbe nichts zu beanstanden, ist nach allgemeiner objektiver Verkehrsanschauung die Behauptung, dass es sich nicht um einen Unfallwagen handelt als miterklärt anzusehen. Die Tatsache, ob der Wagen ein Unfallwagen ist oder nicht, wird auch Gegenstand des Vertrages. Somit hat B dadurch, dass er den reparierten Unfallschaden nicht erwähnt hat nicht durch ein Unterlassen getäuscht, sondern vielmehr konkludent über das Fehlen dieses Unfallumstandes. Somit hat B bezüglich des Unfallschadens ebenfalls eine Täuschungshandlung vorgenommen.

bb) Irrtum

Ferner müsste B durch die Täuschungshandlung bei A einen Irrtum hervorgerufen haben. Ein Irrtum ist eine Fehlvorstellung über Tatsachen. Durch seine Erklärungen **erregte B bei A den Eindruck, der Wagen sei unfallfrei** und man könne eine

Anhängerkupplung anbringen. Dies stellt eine Fehlvorstellung des A über Tatsachen dar und somit einen Irrtum.

cc) Vermögensverfügung

Ferner müsste A durch den erregten Irrtum eine Vermögensverfügung vorgenommen haben. Eine Vermögensverfügung ist jedes Tun, Dulden oder Unterlassen, das sich unmittelbar vermögensmindernd auswirkt.
A hat den Kaufpreis für den Wagen bereits in bar gezahlt. Diese Zahlung hat sich bei A unmittelbar vermögensmindernd ausgewirkt, da diese 3000 Euro nach der Verfügung nicht mehr in seiner Vermögensmasse waren.
Die Vermögensverfügung beruhte auf dem Irrtum über die entsprechenden Tatsachen. Somit liegt eine Vermögensverfügung des A vor.

dd) Vermögensschaden

Bei A müsste ein Vermögensschaden eingetreten sein. Dies ist der Fall, wenn das Gesamtvermögen nach der Vermögensverfügung geringer ist als vor der Vermögensverfügung (**Gesamtsaldierung**). Es müsste eine Wertminderung des Vermögens eingetreten sein. Dies könnte vorliegend problematisch sein, da B den Wagen zum allgemeinen Listenpreis an A verkauft.
Der Kaufvertrag wurde beiderseitig erfüllt, da A das Geld gezahlt und im Gegenzug den Wagen erhalten hat. Der Kaufpreis für den Wagen entsprach auch dem allgemeinen Listenpreis, so dass eigentlich keine Wertminderung des Vermögens für A eingetreten ist. Fraglich ist daher, ob **von dieser objektiven Betrachtung ausnahmsweise abgewichen** werden darf und eine Korrektur auf subjektiver Ebene des Geschädigten zu berücksichtigen ist. Vorliegend wollte A gerade keinen Wagen, der nicht mit einer Anhängerkupplung versehen werden kann. Dies hat er B auch mitgeteilt und daher ist fraglich, ob die Tatsache, dass A mit diesem Wagen nichts anfangen kann, ausnahmsweise trotz der gleichwertigen Gegenleistung berücksichtigt werden muss.

Die weit überwiegende Auffassung nimmt in solchen Fällen eine Korrektur der Schadensberechnung in der Form vor, dass sie den so genannten **individuellen Schadenseinschlag** berücksichtigt. Dies bedeutet, dass für die Schadensberechnung auch die Bedürfnisse des Getäuschten bezüglich der Gegenleistung Berücksichtigung finden. Dies soll in drei Fällen zum Tragen kommen.
Zum einen soll berücksichtigt werden, wenn die Leistung nicht in vollem Umfang zu dem vertraglich vereinbarten Zweck nutzbar ist.
Die zweite Fallgruppe betrifft die Fälle, in denen der Geschädigte wegen der Verpflichtung zur Erfüllung zu vermögensschädigenden Maßnahmen gezwungen wird. Die dritte Fallgruppe schließlich betrifft die Fälle, in denen der Geschädigte infolge der Verpflichtung nicht mehr über die Mittel zu einer angemessenen Lebensführung verfügen kann. Im vorliegenden Fall kommt jedoch nur die erste Fallgruppe in Betracht. A hat deutlich gemacht, dass er nur einen Wagen

gebrauchen kann, an den er eine Anhängerkupplung anbauen kann. Somit kann er die vertragliche Gegenleistung, den BMW ohne eine solche Kupplung, nicht zu dem vertraglich vereinbarten Zweck nutzen. Daher stellte dieser Wagen keine entsprechende Gegenleistung zu den gezahlten 3000 Euro des A dar.
Damit liegt im vorliegenden Fall unter Berücksichtigung des individuellen Schadenseinschlages ein Vermögensschaden bei A vor. Der Vermögensschaden ist ferner gerade durch die Vermögensverfügung des A entstanden.

b) Subjektiver Tatbestand

aa) Vorsatz
Zunächst müsste B vorsätzlich gehandelt haben. B wusste, dass A mit dem Wagen ohne anbaubare Anhängerkupplung nichts anfangen kann. Dennoch wollte er ihn zum Abschluss des Kaufvertrages drängen, um sich so einen Vermögensvorteil zu sichern. Somit handelte B vorsätzlich.

bb) Bereicherungsabsicht
Ferner müsste B mit Bereicherungsabsicht gehandelt haben. Er müsste also bewusst einen Vermögensvorteil angestrebt haben.
Jede Erhöhung des Vermögenswertes stellt einen Vermögensvorteil dar. B hat sich durch den Abschluss des Kaufvertrages einen Vermögensvorteil in Höhe von 3000Euro verschafft. Dies wollte er auch bewusst und handelte somit mit der erforderlichen Bereicherungsabsicht.

cc) Rechtswidrigkeit des angestrebten Vermögensvorteils
Ferner müsste die Absicht, sich den Vermögensvorteil zu sichern auch rechtswidrig gewesen sein. Dazu dürfte B materiell keinen Anspruch auf die Zahlung der 3000 Euro haben und die Vermögensverschiebung durch die Rechtsordnung nicht gebilligt werden. B hatte wegen der vorgenommenen Täuschung materiell keinen Anspruch auf Zahlung der 3000 Euro für den Pkw, den A nicht in der von ihm beabsichtigten Weise nutzen kann. Daher ist diese Vermögensverschiebung auch nicht von der Rechtsordnung gebilligt und die Absicht des angestrebten Vermögensvorteils ferner rechtswidrig.

dd) Stoffgleichheit
Es müsste Stoffgleichheit vorliegen. Dies ist der Fall, wenn der Vermögensvorteil und der Vermögensschaden durch die gleiche Vermögensverfügung hervorgerufen worden sind. Dies ist vorliegend unproblematisch der Fall, da Vermögensvorteil und Vermögensschaden jeweils durch das Zahlen der 3000Euro entstanden sind.

2. Rechtswidrigkeit und Schuld
B handelte ferner auch rechtswidrig und schuldhaft.

Ergebnis: B hat sich gemäß § 263 I strafbar gemacht.

Fall 19 + 20

Sachverhalt

Die Mainzer Soziologiestudentin Carola Marx (C) will nach Köln zu einer Kundgebung gegen Studiengebühren fahren. Da sie mal wieder „pleite" ist und die „kapitalistische" Deutsche Bahn AG (DB) nicht unterstützen will, beschließt sie ohne Ticket (Preis: 15 Euro) zu fahren und hofft dabei, nicht kontrolliert zu werden. Tatsächlich finden auf der Bahnstrecke nur in unregelmäßigen Abständen Fahrscheinkontrollen statt, wobei aber die Kontrolleure keine Fahrkarten verkaufen dürfen, sondern jeden Schwarzfahrer „aufschreiben" müssen. Als der Zug im Bonner Hauptbahnhof steht, sieht C auf dem Bahnsteig einige uniformierte DB-Bedienstete, die in ihren Zug einsteigen. Schnell packt sie ihre Sachen und läuft an ihnen vorbei zur Tür, die sich aber gerade schließt. Im letzten Moment springt sie aus dem Zug, wobei sie aber ungeschickt aufkommt, so dass sie mit dem Fuß umknickt und sich ihren Unterarm blutig aufschlägt. Die Bediensteten hatten lediglich beiläufig mitbekommen, dass C an ihnen vorbeigelaufen war.
Der Notarzt Dr. Markus Metzger (M), der die Bruchlandung der C beobachtet hat, als er gerade mit dem Rettungssanitäter Rudolf Rambo (R) in der Bahnhofsbäckerei eine Pause macht, kommt zu Hilfe geeilt. Doch C will keinesfalls, dass sie von ihm behandelt wird, weil sie befürchtet, dass ihre Personalien aufgenommen werden und ihr Schwarzfahren auffliegt. M, der jedoch angesichts der Schwellung des Fußes in den Birkenstocksandalen und der stark blutenden Wunde der C dringenden Handlungsbedarf sieht, gibt C schnell eine Spritze zur Abschwellung des Fußes und näht die Wunde am Arm. M führt die Maßnahmen nach den Regeln der ärztlichen Kunst erfolgreich durch und entlässt C dann aus seiner Obhut, weil sie (natürlich) auch nicht ins Krankenhaus will. Während der Durchführung wurde C zwar nicht festgehalten, aber wegen ihrer Schmerzen konnte sie auch nicht mit eigener Kraft weggehen.

Fall 19: Wie hat sich C strafbar gemacht?
Fall 20: Wie hat sich M strafbar gemacht?
Erforderliche Strafanträge sind gestellt.

StPO-Zusatzfrage:

Im Strafverfahren gegen M wird R, der nicht im Weg stehen wollte und deshalb den Ablauf aus einiger Entfernung beobachtet hat, zur Sache als Zeuge gehört. Um seinen Kollegen M zu decken, beruft er sich auf sein „Schweigerecht als ärztliche Hilfsperson". C, die befürchtet, dass dieser „stinkreiche Doktor" ungeschoren davon kommt, fragt sich, ob das mit rechten Dingen zugeht. Wie ist die Rechtslage?

Lösung Fall 19

Strafbarkeit der C

I. Strafbarkeit gemäß § 263 I

C könnte sich wegen Betruges gemäß § 263 I strafbar gemacht haben, indem sie ohne Fahrschein mit einem Zug der DB gefahren ist und schließlich an DB – Bediensteten vorbei aus dem Zug gelaufen ist, um nicht kontrolliert zu werden.

Dafür müsste zuerst eine **Täuschung über Tatsachen** vorliegen. Täuschung ist ein zur Irreführung bestimmtes und damit der Einwirkung auf die Vorstellung eines anderen dienendes Gesamtverhalten mit Erklärungswert. In Betracht kommt eine Täuschung der C über die **Tatsache**, dass sie in Wahrheit keinen Fahrschein gelöst hat. Da nur eine Person getäuscht werden kann, kommt nur das Verhalten gegenüber den DB – Bediensteten in Betracht. **Ausdrücklich hat C keine falsche Tatsache vorgespiegelt, so dass eine Täuschung durch aktives Tun nicht in Betracht kommt.** Eine Täuschung durch konkludentes Verhalten kommt ebenfalls nicht in Betracht, da das Vorbeilaufen an DB – Bediensteten keinen Erklärungsinhalt hat. Somit kommt allenfalls eine **Täuschung durch Unterlassen** in Betracht.

Voraussetzung dafür ist aber eine Garantenpflicht der C, wie sie auch in § 13 I (**rechtliche Einstandspflicht**) vorausgesetzt wird. In Betracht kommt eine Garantenpflicht aus pflichtwidrigem Vorverhalten (**Ingerenz**), die darauf beruht, dass derjenige, der eine Gefahr schafft, den Erfolgseintritt verhindern muss. Durch das bewusste Nichtlösen des Fahrscheins und das Einsteigen in den Zug hat C sich pflichtwidrig verhalten und damit die konkrete Gefahr einer Beeinträchtigung des Vermögens der DB geschaffen. Diese Gefahr hat sich kontinuierlich verwirklicht, indem der Schaden durch die Fahrt bis Bonn eingetreten ist. Dies wird daran deutlich, dass die DB durch eine Kontrolle auf der Strecke zwar zivilrechtliche Ansprüche auf den Fahrpreis gegen C leichter hätte geltend machen können, dadurch aber den Schadenseintritt nicht mehr hätte verhindern können.[11]

Aus Ingerenz ergibt sich jedoch allein die Pflicht, nicht durch Unterlassen gebotener Maßnahmen einen Schaden herbeizuführen, **nicht aber die Pflicht, entstandene Schäden zu beheben, wenn keine Schadensvertiefung droht**. Allein die Erschwerung der zivilprozessualen Durchsetzung des Anspruchs stellt keine Schadensvertiefung dar, da diese grds. nicht strafrechtlich geschützt ist.[12] Dies wäre

---

[11] Beachten Sie: Zivilrechtliche Gegenansprüche gleichen nicht den Schaden aus!

[12] Praktische Erwägung: Wenn das so wäre, müssten Sie sich, um eine Betrugsstrafbarkeit zu vermeiden, bei jeder von Ihnen begangenen fahrlässigen Beschädigung einer fremden Sache dem Eigentümer stellen, damit dieser seinen Anspruch aus § 823 I BGB geltend machen kann. Eine solche Pflicht, dem Anspruchsteller die Geltendmachung seines Anspruchs zu ermöglichen, besteht

C zudem nicht zuzumuten, da in Anbetracht des drohenden „erhöhten Beförderungsentgelts" und der u.U. drohenden Strafanzeige (§ 265a; s.u.) in Analogie zu § 258 V eine Selbstbegünstigung möglich sein muss. Folglich besteht keine Ingerenzpflicht der C, die zu einer Strafbarkeit der Täuschung durch Unterlassen führen könnte.

Ergebnis: C hat sich nicht wegen Betrugs gemäß § 263 I strafbar gemacht.

II. Strafbarkeit gemäß §§ 263 I, II, 22

C könnte sich durch das Schwarzfahren wegen versuchten Betrugs gemäß §§ 263 I, II, 22 strafbar gemacht haben.

Schon weil sie keinen Tatentschluss hinsichtlich einer Täuschung der DB hatte, da sie offensichtlich den Kontakt mit ihren Bediensteten vermeiden wollte, scheidet eine Strafbarkeit aus.

Ergebnis: C hat sich nicht wegen versuchten Betrugs gemäß §§ 263 I, II, 22 strafbar gemacht.

III. Strafbarkeit gemäß § 265a I Var. 3

C könnte sich wegen Erschleichens von Leistungen gemäß § 265a I Var. 3 strafbar gemacht haben, indem sie ohne Fahrkarte mit dem Zug von Mainz nach Bonn gefahren ist und an den DB-Bediensteten vorbei aus dem Zug gelaufen ist.

1. Tatbestand

a) Objektiver Tatbestand

Die Zugfahrt von Mainz nach Bonn stellt eine Beförderung durch ein Verkehrsmittel dar, für die ein Entgelt zu entrichten ist. C müsste sich diese Beförderung erschlichen haben. C hat sich einfach in den Zug gesetzt, in Richtung Köln gefahren und ist beim Anblick der DB-Bediensteten an diesen vorbei aus dem Zug gelaufen. Fraglich ist, ob in diesem Verhalten ein Erschleichen zu erblicken ist. Das richtet sich danach, wie der Begriff des Erschleichens zu verstehen ist.

aa) Eine Ansicht lässt **jede unbefugte Inanspruchnahme** der Leistung genügen. Da das Lösen eines Fahrscheins laut Sachverhalt vor Fahrtantritt geschehen muss, ist das Fahren ohne einen solchen eine unbefugte Inanspruchnahme und somit nach dieser Ansicht ein Erschleichen.

bb) Die Rechtsprechung fordert weitergehend, dass man sich entweder mit dem **äußeren Anschein der Ordnungsgemäßheit** umgibt oder die vorhandenen

---

normalerweise nicht, jedoch gilt eine Ausnahme für den Straßenverkehr, wie § 142 (unerlaubtes Entfernen vom Unfallort) zeigt.

Kontrollmaßnahmen umgeht oder ausschaltet. Da C sich im Zug wie ein normaler Fahrgast verhalten hat, hat sie den Anschein erweckt, sie habe einen Fahrschein, und damit auch nach dieser Ansicht eine Leistung erschlichen.

cc) Schließlich wird darüber hinaus zum Teil **ein täuschungsähnliches Verhalten** durch Manipulation oder Verbergen der wahren Absichten vorausgesetzt. Ebenso wie eine Täuschung (s.o.) kann auch ein täuschungsähnliches Verhalten **allein durch das Herauseilen aus dem Zug nicht begründet werden**. Anders läge es etwa, wenn C durch die nächste Tür wieder eingestiegen wäre oder sich auf der Zugtoilette versteckt hätte. Deshalb würde nach dieser Ansicht kein Erschleichen zu bejahen sein.

dd) Da die Ansichten im vorliegenden Fall zu unterschiedlichen Ergebnissen kommen, ist der Streit zu entscheiden. Für die letztgenannte Ansicht spricht die Ähnlichkeit von § 265a zum Betrug (§ 263). Jedoch soll § 265a gerade Strafbarkeitslücken beim Betrug schließen, indem auch Fälle erfasst werden, bei denen dieser ausscheiden muss, **weil mangels menschlicher Kontrolle ein täuschungsähnliches Verhalten nicht vorliegt**. Dies bestätigt allerdings nur die Prämisse der Betrugsähnlichkeit, da folgerichtig § 265a tatbestandlich nur verwirklicht sein kann, wenn bei Gegenwart eines Menschen § 263 vorläge. Dafür spricht auch der Wortlaut, da „Erschleichen" ein Verbergen oder Täuschen voraussetzt.

Verfehlt ist das Argument, dass unauffälliges Verhalten noch skrupelloser sei als ein täuschendes Verhalten und deshalb jedenfalls tatbestandlich erfasst sein müsse, weil es sich bloß am Ergebnis orientiert. Vielmehr sind hinsichtlich des Opferverhaltens dieselben Maßstäbe wie beim Betrug anzulegen: danach erfährt keinen Schutz, wer sich gar keine Vorstellung um eine Tatsache macht (sog. **ignorantia facti**), wohl aber, wer leichtfertig einem offensichtlichen Irrtum erliegt.

Demgemäß muss für eine Strafbarkeit nach § 265a zumindest ein menschlicher oder technischer Kontrollmechanismus, sei es auch nur in geringem Maße, umgangen werden. Folglich ist der letztgenannten Ansicht beizupflichten.

Allein das Passieren eines DB-Bediensteten genügt nicht für die Annahme, dass C **einen Kontrollmechanismus umgangen** hat, selbst wenn es in Eile geschieht, denn so verhält sich etwa auch jemand, der zu spät bemerkt hat, dass er sein Ziel erreicht hat. C ist von den Bediensteten nur beiläufig wahrgenommen worden und hat dabei kein besonderes Vorstellungsbild bei ihnen hervorgerufen. Dass sie durch ihr Verhalten keinen Verdacht erweckt hat, macht deutlich, dass sie sich nicht täuschungsähnlich verhalten hat. Auch während der restlichen Strecke hätte ihr Verhalten keine Beachtung gefunden. Somit hat sie keine Beförderungsleistung erschlichen.

2. Ergebnis: C hat sich nicht wegen Erschleichens von Leistungen gemäß § 265a I Var. 3 strafbar gemacht.

IV. Strafbarkeit gemäß § 123 I Var. 4

C könnte sich wegen Hausfriedensbruchs gemäß § 123 I Var. 4 strafbar gemacht haben, indem sie ohne Fahrschein den Zug betreten hat.

1. Tatbestand

a) Objektiver Tatbestand

Der Zug ist ein abgeschlossener zum öffentlichen Verkehr bestimmter Raum.
C müsste in ihn widerrechtlich eingedrungen sein. Darunter versteht man das Betreten gegen den Willen der DB. Daran, dass keine Fahrkarten im Zug verkauft werden, wird deutlich, dass die DB bzw. ihre gesetzlichen Vertreter (Vorstand) nicht wollen, dass Personen ohne Fahrschein die Züge betreten. Da jedoch keine Zugangshindernisse bestehen, C also ohne weiteres den Zug betreten konnte, stellt sich die Frage, **wann bei einer generellen Zutrittserlaubnis ein Eindringen vorliegt**.

aa) Einerseits könnte man die Verfolgung eines widerrechtlichen oder unerwünschten Zwecks als Kriterium ausreichen lassen, um das Betreten als Eindringen zu qualifizieren. Demnach würde jeder Schwarzfahrer in den Zug der DB eindringen.

bb) Andererseits kann man auch darauf abstellen, ob das **äußere Erscheinungsbild** vom dem Verhalten erheblich abweicht, das durch die Erlaubnis gedeckt ist. Da C wie ein normaler Fahrgast aufgetreten ist, wäre demnach ein Eindringen zu verneinen.

cc) Die erstgenannte Ansicht kann ergebnisorientiert eine Strafbarkeit bereits mit Betreten des Raumes und nicht erst mit der erkennbaren Verwirklichung einer strafbaren Handlung im Raum erreichen. Allerdings wird dadurch das Merkmal des Eindringens **zu extensiv ausgelegt**, weil die Strafbarkeit bei dem Willensdelikt des Hausfriedensbruchs ausufert, wenn der Hausrechtsinhaber allein auf eine für ihn nicht ersichtliche Gesinnung abstellen kann, um eine generell erteilte Aufenthaltserlaubnis zu entziehen. Richtigerweise müssen deshalb Umstände des Einzelfalls einen Anhaltspunkt dafür geben, dass eine bestimmte Person doch kein Zutrittsrecht genießen soll.

dd) Folglich ist C, die sich unauffällig verhalten hat, nicht in den Zug eingedrungen.

2. Ergebnis: C hat sich nicht wegen Hausfriedensbruchs gemäß § 123 I Var. 4 strafbar gemacht.

Lösung Fall 20

Strafbarkeit des M

I. Strafbarkeit gemäß §§ 223 I, 224 I Nr. 1, 2

M könnte sich wegen gefährlicher Körperverletzung gemäß §§ 223 I, 224 I Nr. 1, Nr. 2 strafbar gemacht haben, indem er C eine Spritze gegeben und ihre Wunde genäht hat.

1. Tatbestand

a) Objektiver Tatbestand des § 223

M müsste C körperlich misshandelt haben. Körperliche Misshandlung ist jede üble, unangemessene Behandlung, die das körperliche Wohlbefinden mehr als nur unerheblich beeinträchtigt. Das Nähen der Wunde und das Verabreichen der Spritze führen zwar zu Schmerzen und damit zu körperlichem Unwohlsein. Sie sind aber im Interesse des Opfers vorgenommene Maßnahmen, also ärztliche Heileingriffe, so dass sich die Frage stellt, ob sie tatbestandlich als Misshandlung i.S.d. § 223 zu werten sind.

aa) Von der Rechtsprechung wird dies **unabhängig davon bejaht, ob die Behandlung gelingt und kunstgerecht durchgeführt wird**. Es kommt lediglich eine Rechtfertigung der tatbestandlich verwirklichten Körperverletzung in Betracht. Demnach läge auch hier eine solche vor.

bb) Die h.L. will dagegen einen lege artis (nach den Regeln der ärztlichen Heilkunst) durchgeführten und indizierten Heileingriff **schon aus dem Tatbestand des § 223 herausnehmen**, so dass aufgedrängte ärztliche Behandlungen lediglich nach §§ 239, 240 strafbar sein können. Da M den indizierten Eingriff ordnungsgemäß durchgeführt hat, würde hier die Körperverletzung schon tatbestandlich ausscheiden.

cc) Die Ansichten führen zu unterschiedlichen Ergebnissen, so dass der Streit entschieden werden muss. Die Literaturansicht nimmt eine Gesamtwertung der Tat vor und stellt darauf ab, dass sich der Zustand des Patienten verbessert und nicht verschlechtert. Außerdem sei es unangebracht, den Weg zu den Qualifikationen der §§ 224 und 226 zu eröffnen. Schließlich sei der „Arzt nicht mit dem Messerstecher auf eine Stufe zu stellen". Jedoch verkennt diese Ansicht, dass der Arzt nicht einem Messerstecher, **sondern einem Notwehr Übenden gleichgestellt wird**, wenn man die Strafbarkeit erst auf der Ebene der Rechtfertigung entfallen lässt. Dieser Vergleich ist jedoch nicht ehrrührig. Außerdem ist der Schutz des Patienten vor ungewollten Heileingriffen über §§ 239, 240 ungenügend. Schließlich kann auch die gute Intention des Arztes nichts daran ändern, dass die Maßnahmen Eingriffe in die körperliche Unversehrtheit darstellen. Damit ist der Rechtsprechung zu folgen und auch ein lege artis durchgeführter Heileingriff als tatbestandliche Körperverletzung zu werten.

dd) Damit ist auch das Nähen der Wunde und das Geben der Spritze eine körperliche Misshandlung i.S.d. § 223. Diese Maßnahmen intensivieren den pathologischen Zustand und stellen damit auch Gesundheitsschädigungen dar.

b) Objektiver Tatbestand des § 224

aa) M könnte zudem die Qualifikation des § 224 I Nr. 1 verwirklicht haben, indem er C das abschwellende Mittel gespritzt hat. Jedoch sind sowohl unter **Gift** als auch unter gesundheitsschädlichen Stoffen **nur Substanzen zu verstehen, die im oder am Körper zerstörend wirken sollen**. Dies ist bei einem Medikament nicht der Fall. Dass es bei einer massiven Überdosierung zu Schäden kommen kann, muss dabei außer Betracht bleiben, weil jede im Übermaß eingenommene Substanz gesundheitliche Schäden anrichten kann. Damit ist diese Alternative von § 224 nicht verwirklicht.

bb) In Betracht kommt jedoch § 224 I Nr. 2, wenn die Spritze und die Nadel gefährliche Werkzeuge sind. Gefährliches Werkzeug ist ein Gegenstand, der geeignet ist, nach Art und Beschaffenheit sowie der Verwendung im konkreten Fall, erhebliche Verletzungen herbeizuführen. Medizinische Instrumente sind **bei ihrer ordnungsgemäßen Verwendung durch einen Arzt** gerade nicht dazu gedacht, Verletzungen herbeizuführen, sondern diese zu heilen. Damit sind sie keine tauglichen Tatmittel i.S.d. § 224 I Nr. 2. M hat folglich keinen Qualifikationstatbestand i.S.d. § 224 verwirklicht.

c) Subjektiver Tatbestand

M hat der C mit Wissen und Wollen die Wunde genäht und die Spritze gegeben und damit vorsätzlich den Tatbestand des § 223 I verwirklicht.

2. Rechtswidrigkeit

Das Verhalten des M könnte aber gerechtfertigt sein.

a) Eine Rechtfertigung durch **ausdrückliche Einwilligung** (vgl. § 228) liegt nicht vor, da C im Gegenteil deutlich gemacht hat, dass sie eine Behandlung nicht wünscht.

b) Da ein ausdrücklich formulierter Wille vorliegt, ist ein Rückgriff auf die **mutmaßliche Einwilligung** nicht möglich. Dieser formulierte Wille ist auch beachtlich, denn es gibt keine Anhaltspunkte dafür, dass eine psychische Krankheit vorliegt, die nach den Unterbringungsgesetzen bzw. Psychischkrankengesetzen der

Länder[13] eine Unterbringung in einem psychiatrischen Krankenhaus ermöglichen würden. Aufgrund des ausdrücklichen Willens der C ist eine Berufung auf eine mutmaßliche Einwilligung nicht möglich.

c) In Betracht kommt eine **Rechtfertigung durch Notstand**. Jedoch kann auf § 34 nicht zurückgegriffen werden, weil C als Rechtsgutsträgerin nicht möchte, dass M die Gefahren für ihre körperliche Unversehrtheit (z.B. Wundinfektion) abwendet. Da es, mit Ausnahme der hier nicht einschlägigen Gesetze über psychisch Kranke, keinen Behandlungszwang gibt, muss M ärztliche Heileingriffe unterlassen und sich darauf beschränken, C eventuell davon zu überzeugen, sich doch helfen zu lassen. Eine Rechtfertigung der tatbestandlichen Körperverletzung scheidet daher aus.

3. Schuld
M handelte schuldhaft.

Ergebnis: M hat sich der Körperverletzung gemäß § 223 strafbar gemacht.

II. Strafbarkeit gemäß § 239 I
M könnte sich wegen Freiheitsberaubung gemäß § 239 I strafbar gemacht haben, indem er C gegen ihren Willen behandelte, wobei sie sich nicht fortbewegen konnte. Da C nicht aufgrund einer kausalen und objektiv zurechenbaren Handlung des M, sondern aufgrund ihrer Schmerzen ihren Aufenthaltsort nicht frei verlassen konnte, hat M sie nicht ihrer Freiheit beraubt. Den Tatbestand des § 239 I hat M mithin nicht verwirklicht.

Ergebnis: M hat sich nicht wegen Freiheitsberaubung gemäß § 239 I strafbar gemacht.

III. Strafbarkeit gemäß § 240 I
M könnte sich wegen Nötigung gemäß § 240 I strafbar gemacht haben, indem er C gegen ihren Willen behandelte.
Dafür müsste zuerst eine **Nötigungshandlung** in Form der Gewalt oder Drohung vorliegen. Unter Gewalt ist körperlich wirkender Zwang zu verstehen, den hier das Nähen der Wunde und das Verabreichen der Spritze darstellen. Somit liegt eine Nötigungshandlung vor. Sodann müsste ein **Nötigungserfolg** in der Form eines Duldens, Tuns oder Unterlassens der C vorliegen. Vorliegend musste C gegen ihren Willen die Körperverletzungen erdulden, so dass ein Nötigungserfolg vorliegt.

---

[13] z.B. Bayern: Gesetz über die Unterbringung psychisch Kranker und deren Betreuung (UnterbringungsG); NRW: Gesetz über Hilfen und Schutzmaßnahmen bei psychischen Krankheiten (PsychKG); Hess: Gesetz über die Entziehung der Freiheit geisteskranker, geistesschwacher, rauschgift- oder alkoholsüchtiger Personen (FreiheitsentziehungsG)

Nötigungshandlung und -erfolg müssen aber **kausal** miteinander verknüpft sein. Das bedeutet, dass die Duldung der Körperverletzung unmittelbare und spezifische Folge der angewandten Gewalt sein muss. Hier hat C sich jedoch nicht aus Angst vor der Gewalt nicht gewehrt, sondern allein weil sie sich nicht fortbewegen konnte. M hat damit eine bestehende Zwangslage ausgenutzt und keine neue geschaffen, so dass er durch sein Handeln nicht kausal den Nötigungserfolg herbeigeführt hat.

Ergebnis: M hat sich nicht wegen Nötigung gemäß § 240 I strafbar gemacht.

Endergebnis und Konkurrenzen

C hat sich nicht strafbar gemacht. M hat sich wegen Körperverletzung gemäß § 223 I strafbar gemacht. Der gemäß § 230 I erforderliche Strafantrag ist laut Bearbeitervermerk gestellt.

StPO-Zusatzfrage

R könnte rechtmäßig das Zeugnis oder eine Auskunft verweigern, wenn er sich auf ein Auskunfts- oder Zeugnisverweigerungsrecht berufen könnte.

1. Gründe für ein Zeugnisverweigerungsrecht nach § 52 I StPO sind nicht ersichtlich.

2. In Betracht kommt aber ein Zeugnisverweigerungsrecht des R als Berufshelfer des Arztes M gemäß § 53a I 1 StPO i.V.m. § 53 I Nr. 3 StPO. Das setzt voraus, dass M ein Zeugnisverweigerungsrecht hat. Als Arzt zählt er zu einer geschützten Berufsgruppe. M war auch in seiner Eigenschaft als Arzt tätig. Allerdings ist M nicht als Zeuge, sondern als Angeklagter vor Gericht. In einem Verfahren gegen den Hauptberufsträger steht der Hilfsperson kein Zeugnisverweigerungsrecht zu, es sei denn die Aussage bezöge sich auf einen mitangeklagten Dritten, demgegenüber auch eine Verschwiegenheitspflicht nach § 203 StGB bestünde.
Damit ist insbesondere unbeachtlich, dass es nicht um Informationen geht, die M in dieser Eigenschaft anvertraut worden oder bekannt geworden sind, sondern um die Geschehnisse, die sich anlässlich der Behandlung abgespielt haben. Ebenfalls unberücksichtigt bleiben kann damit, dass C den R gemäß § 53a II StPO i.V.m. § 53 II 1 StPO, von seiner Verpflichtung zur Verschwiegenheit entbinden könnte, so dass er die Aussage nicht mehr verweigern dürfte.

3. Ein eigenes Auskunftsverweigerungsrecht nach § 55 StPO kommt für R nicht in Betracht, da er sich laut Sachverhalt nicht an der Tat des M beteiligt hat.

Ergebnis:
R kann sich weder auf ein Zeugnis- noch auf ein Auskunftsverweigerungsrecht berufen, so dass er verpflichtet ist, vor Gericht auszusagen.

Ergänzender Hinweis
Zum Verständnis der Zeugnisverweigerungsrechte trägt es bei, wenn man sich ihre Schutzrichtung vergegenwärtigt (vgl. Zenthöfer, Juristischer Grundkurs StPO):
Zeugnisverweigerungsrechte nach **§ 52 I StPO** dienen dem Interesse des **Zeugen**, der sich in einer Zwangslage befindet. Er soll dafür geschützt werden, eine ihm nahe stehende Person belasten zu müssen. Deshalb kann er frei über das Gebrauchmachen von diesem Recht entscheiden, ohne dass etwa der Angeklagte darauf Einfluss nehmen könnte.
Die Zeugnisverweigerungsrechte nach **§§ 53 I, 53a I StPO** schützen demgegenüber besondere Vertrauensverhältnisse. Da sie vor allem dem Schutz **desjenigen** dienen, **der sich einem Berufsgeheimnisträger anvertraut hat**, kann nur der erstgenannte auf das Recht wirksam verzichten. Wenn er dies tut, ist der Berufsgeheimnisträger unter bestimmten Voraussetzungen (§§ 53 II, 53a II StPO) sogar zur Aussage verpflichtet. In sonstigen Fällen hat er bei wirksamer Entbindung zumindest das Recht auszusagen.
Das Auskunftsverweigerungsrecht schützt schließlich den **Zeugen** als Ausfluss des nemo-tenetur-Satzes, so dass er über seine Wahrnehmung des Rechts frei entscheiden kann.

Weitere 40 typische StPO-Zusatzfragen finden Sie in dem Juristischen Grundkurs "Strafprozessrecht" von Jochen Zenthöfer (Richter Verlag) – mit aktueller Rechtsprechung.

Sachverhalt Fall 21

Jurarepetitor H bestimmt seine Freundin F dazu, mehrere von ihm gestohlene Schmuckstücke mit ihrem Wagen von Wien nach Frankfurt zu bringen. Dort könne er die Stücke gewinnbringend veräußern. F, die weiß, woher der Schmuck kommt, erklärt sich dazu bereit. Auf der Autobahn wird sie von der Polizei angehalten. Dabei wird der Schmuck sichergestellt. Strafbarkeit der F?

Fall 22:

Wie oben, jedoch verpfändete F vor der Fahrt einen Teil des Schmucks im Münchener Pfandhaus des P. Dabei wollte sie das erhaltene Geld für sich behalten. Sie glaubte, dass H den fehlenden Anteil nicht bemerken würde und wollte den Schmuck auch nicht wieder auslösen. Trotzdem bewahrt sie den Pfandschein in ihrer Geldbörse auf. Strafbarkeit der F?

Bearbeitervermerk: Untreue ist nicht zu prüfen.

Lösung Fall 21

Strafbarkeit gemäß § 259

F könnte sich wegen einer Hehlerei nach § 259 strafbar gemacht haben, als sie den Schmuck auf den Weg nach Frankfurt brachte.

1. Tatbestand

a) Objektiver Tatbestand

aa) Taugliche Vortat

Das Diebesgut muss durch eine tatbestandsadäquate Vortat erlangt worden sein. Nach der herrschenden Perpetuierungslehre muss die Vortat in ihren praktischen Auswirkungen fremde Vermögensinteressen verletzt und eine im Zeitpunkt der Tathandlung noch andauernde rechtswidrige Vermögenslage geschaffen haben. Vorliegend handelt es sich bei der dem Schmuck um Diebesgut. Demnach stammt das Tatobjekt aus einem Angriff gegen fremde Vermögensrechte.

bb) Taugliches Tatobjekt

Taugliches Tatobjekt sind nur Sachen, also körperliche Gegenstände; der Schmuck ist ein taugliches Tatobjekt.

cc) Fortbestehender rechtswidriger Vermögenszustand

Zum Zeitpunkt der Ausführungshandlung der F müsste hinsichtlich des Schmucks ein rechtswidriger Vermögenszustand fortbestanden haben. Es gibt keine Anhaltspunkte für eine Heilung der rechtswidrigen Vermögenslage am gestohlenen Schmuck. Damit bestand der rechtswidrige Vermögenszustand fort.

dd) Tauglicher Täter

Als Täter der Hehlerei kommt nach dem Wortlaut nur „ein anderer" in Betracht. Daraus folgt nach ganz herrschender Meinung, dass Täter und Mittäter der Vortat nicht zugleich eine Hehlerei begehen können. Hier sind keine Anhaltspunkte für eine Vortatbeteiligung der F gegeben.

ee) Tathandlungsmodalität erfüllt

F müsste eine Ausführungshandlung des § 259 verwirklicht haben. Es kommt eine **Absatzhilfe** der F in Betracht. Absatzhilfe ist die unselbständige, weil an Weisungen gebundene, bloße Unterstützung des Vortäters bei dessen Absatzbemühungen, wobei es dem Täter immer um die **fremdnützige Förderung des Veräußerungsvorganges des Vortäters** geht. F war weisungsgebunden und im Interesse des Vortäters H tätig. Es ist umstritten, ob für die Annahme der „Absatzhilfe" ein objektiver Förderungserfolg eintreten muss.

Nach einer Ansicht genügt es, wenn eine vom Absatzwillen getragene vorbereitende, ausführende oder nur helfende Tätigkeit gegeben ist, die geeignet ist, den Vortäter bei seinen Bemühungen um eine wirtschaftliche Verwertung der gestohlenen Sache zu **unterstützen**. Eine Vertiefung des durch die rechtswidrige Vortat geführten Angriffs auf das geschützte Rechtsgut sei nicht erforderlich (so die frühere Rechtsprechung, z.B. BGHSt 45, 49).

Dagegen wird vorgebracht, dass diese weite Auslegung die Grenze zur Versuchsstrafbarkeit verwischt. Außerdem setze § 259 in **allen Begehungsformen die Aufrechterhaltung der rechtswidrigen Besitzlage durch einen Wechsel im Besitz voraus**, und dafür sei ein gelungener Absatz erforderlich (so ein Teil der neueren Rechtsprechung, BGH StV 2008, 18f.; sowie aus dem Schrifttum unter anderem: Leipziger Kommentar-Ruß, Münchner Kommentar-Lauer, Lackner/Kühl, Schönke/Schröder-Stree/Hecker, Rolf Schmidt, Mitsch).

Eine Tätigkeit, die der Aufrechterhaltung des rechtswidrigen Vermögenszustandes dient, aber keinen Absatzerfolg hat, reicht nicht aus.

Ergebnis: F hat sich nicht wegen einer Hehlerei nach § 259 strafbar gemacht haben, als sie den Schmuck auf den Weg nach Frankfurt brachte.

Lösung Fall 22

I. Strafbarkeit gemäß § 263

F könnte sich eines Betruges nach § 263 zum Nachteil des P strafbar gemacht haben, als sie den Schmuck im Pfandhaus anbot.

1. Tatbestand

a) Objektiver Tatbestand

aa) Täuschungshandlung durch Vorspiegelung falscher Tatsachen

Indem F den Schmuck zur Verpfändung anbot, spiegelte sie zumindest schlüssig ihre in Wahrheit nicht bestehende Verfügungsmacht vor.

bb) Irrtum

Dadurch wurde eine entsprechende Fehlvorstellung des P erregt.

cc) Vermögensverfügung

Die irrtumsbedingte Vermögensverfügung ist in der Auszahlung des Pfandgeldes gegeben.

dd) Vermögensschaden

Es müsste ein Vermögensschaden bei P gegeben sein. Ein Vermögensschaden liegt vor, wenn der wirtschaftliche Gesamtwert des Vermögens zum Zeitpunkt der Verfügung vermindert wird, ohne dass diese Einbuße durch einen kompensationsfähigen Vermögenszuwachs voll ausgeglichen wird und kein Fall des so genannten individuellen Schadenseinschlages vorliegt. Hier ist der vermögenswerte Nachteil darin zu sehen, dass P sein Pfandgeld verliert und gemäß § 1207 BGB i.V.m. § 935 BGB (der Schmuck war dem Eigentümer abhanden gekommen) kein wirksames Pfandrecht am übergebenen Schmuck als Sicherungsgegenstand erwerben konnte.

b) Subjektiver Tatbestand

F handelte vorsätzlich. Der von F angestrebte stoffgleiche und rechtswidrige Vermögensvorteil liegt in der Erlangung der Pfandsumme, ohne im Gegenzug ein wirksames Pfandrecht am übergebenen Schmuck begründen zu können.

2. Rechtswidrigkeit / Schuld

F handelte rechtswidrig und schuldhaft.

Ergebnis: F hat sich eines Betruges nach § 263 zum Nachteil des P strafbar gemacht, als sie den Schmuck im Pfandhaus anbot.

II. Strafbarkeit gemäß § 246 II

F könnte sich wegen einer veruntreuenden Unterschlagung nach § 246 II zum Nachteil des H strafbar gemacht haben, als sie den Schmuck im Pfandhaus anbot.

1. Tatbestand

a) Objektiver Tatbestand

aa) Der Schmuck war eine fremde bewegliche Sache für F.

bb) Zueignungshandlung

F müsste sich den Schmuck rechtswidrig zugeeignet haben. Zueignung verlangt gemäß § 246, dass in objektiv erkennbarer Weise ein Zueignungswillen manifestiert wurde. Vollendet ist die Tat erst, wenn sich die Täterin die Sache nach außen erkennbar zueignet. Durch die Verpfändung eines Teiles des Schmucks manifestierte F objektiv erkennbar ihren Willen, den Eigentümer von der Sachsubstanz des Schmucks auf Dauer auszuschließen und sich den Schmuck in dieser Weise zumindest vorübergehend in ihr Vermögen einzuverleiben.

cc) Wiederholbarkeit der Zueignungshandlung

Geht man davon aus, dass mit der Verpfändung des Schmucks § 263 tatbestandlich verwirklicht ist, so stellt sich die Frage, ob ein und dieselbe Handlung zugleich § 263 und § 246 verwirklichen kann. Dies ist umstritten.

aaa) Nach der Rspr. des Großen Senates des BGH greift § 246 schon tatbestandlich nicht ein, wenn die Zueignung bereits als Diebstahl, Raub, Betrug, Erpressung oder Untreue bzw. Hehlerei mit Strafe bedroht ist (sog. **Tatbestandslösung**). Danach wäre F nicht nach § 246 strafbar.

bbb) Demgegenüber vertritt die herrschende Lehre eine so genannte **Konkurrenzlösung**. Danach kann sich an ein schon im Sinne oben genannter Vorschriften strafbares Verhalten eine weitere strafbare Zueignungshandlung anschließen. Die wiederholte Erlangungshandlung tritt allerdings auf der Konkurrenzebene als mitbestrafte Nachtat zurück. Danach wäre F, sofern die übrigen Voraussetzungen vorliegen, nach § 246 strafbar.

ccc) Da die Ansichten zu unterschiedlichen Ergebnissen kommen, ist der Streit zu entscheiden. Für die Konkurrenzlösung spricht, dass die bereits durch eine deliktische Handlung entzogene Sache gegen weitere Eigentumsverletzungen geschützt bleiben muss. Wenn eine wiederholte Zueignung unmöglich wäre, ergäben sich unzumutbare Strafbarkeitslücken. So wäre die Teilnahme am Verwertungsdelikt nicht möglich. Der Wortsinn spricht dagegen für die Tatbestandslösung, da eine Sache nicht zweimal zugeeignet werden kann. Es ist auch zu beachten, dass spätere Verwertungsakte nur die Ausnutzung der schon erlangten Position sind und Verwertungsakte dem ersten Zueignungsakt nicht gleichgestellt

werden können. Zudem ist es unbillig, die Teilnahme an der Verwertung als Beihilfe zur Unterschlagung zu bestrafen, während die Haupttäterhandlung als Nachtat straflos bleibt.
Daher ist der Konkurrenzlösung zu folgen. F handelte tatbestandsmäßig.

dd) Rechtswidrigkeit der Zueignungshandlung
F schaffte einen vom Recht missbilligten Widerspruch zum Eigentumsrecht des Verletzten, da sie keinen fälligen einredefreien Anspruch auf Verpfändung des gestohlenen Schmuckes hatte.

b) Anvertraute Sache
Anvertraut im Sinne des § 246 II sind solche Sachen, deren Gewahrsam die Täterin vom Eigentümer oder von einem Dritten mit der Verpflichtung erlangt hat, sie zu einem bestimmten Zweck zu verwenden oder zurückzugeben. Die Überlassung der Sache (wie vorliegend der Schmuck) durch den Nichteigentümer ist nur dann tatbestandsmäßig, wenn dies zu Zwecken geschieht, die dem Eigentumsrecht nicht zuwiderlaufen. Denn dann trifft die unmittelbar gegenüber dem hingebenden Nichteigentümer begangene Veruntreuung mittelbar auch den Eigentümer, da auch ihm gegenüber die Sache erhalten werden soll. **Widerspricht jedoch die Überlassung der Sache durch den Nichtberechtigten den Eigentümerinteressen**, so ist zwar ein neuer Angriff auf das Eigentumsrecht gegeben, jedoch erfolgt dies nicht gleichzeitig unter Verletzung eines unter strafrechtlichen Schutz gestellten Vertrauensverhältnisses.

Ein Recht des hingebenden Diebes auf den Besitz der gestohlenen Sache besteht nicht und das Interesse, durch Übertragung der Sache auf einen Verwahrer sich der Möglichkeit einer Verfügung über die Sache zu erhalten, widerspricht dem Interesse des Eigentümers und kann daher nicht durch die Vorschrift des § 246 strafrechtlich geschützt sein. Die durch die Unterschlagung gegenüber dem Eigentümer zugefügte Rechtsverletzung wurde nicht dadurch schwerer, dass die Tat zugleich die rechtlich unbeachtlichen Interessen des Diebes verletzte. Durch Treue gegenüber dem Dieb hätte der Täter dem Rechte des Eigentümers nicht gedient, durch Veruntreuung ihm gegenüber hat der Täter das Recht des Eigentümers nicht verletzt. Dies hat er nur durch die rechtswidrige Zueignung getan. Hier widersprach die Verpfändung den Eigentümerinteressen.

2. Subjektiver Tatbestand
F handelte vorsätzlich.

3. Rechtswidrigkeit / Schuld
F handelte rechtswidrig und schuldhaft.

Ergebnis: F hat sich wegen einer Unterschlagung nach § 246 zum Nachteil des H strafbar gemacht haben, als sie den Schmuck im Pfandhaus anbot.

Sachverhalt

Die deutsche Mannomann-AG (AG) vertreibt weltweit Mobilfunkgeräte unter der Führung des Vorstandsvorsitzenden Trinker (T). Nachdem der Vorstand erfolgreich eine freundliche Übernahme mit dem britischen Konzern Wodavorn (W) besiegelt hat, beschließt der Aufsichtsrat unter Mitwirkung des Dr. Strohmann (S), T mit einer Prämie in Höhe von 20 Mio. Euro aus dem Vermögen der AG zu bedenken. Damit soll lediglich dieses günstige Geschäft in der Vergangenheit honoriert werden, jedoch sollen keine weiteren Leistungsanreize für ihn oder Dritte geschaffen werden. T nimmt dieses Geld dankend entgegen, obwohl er – ebenso wie S – Zweifel an der strafrechtlichen Unbedenklichkeit der Angelegenheit hegt, unter anderem weil der Betrag von 20 Mio. Euro für deutsche Verhältnisse ungewöhnlich hoch ist. Jedoch nimmt er diese Zweifel, genau wie S, angesichts der netten Summe gerne hin und bringt die Angelegenheit schnell über die Bühne. Dabei erhält T das Geld zusätzlich zu dem, was im Dienstvertrag als Vergütung vorgesehen war. Durch die Konzernführung von W, die zum Zeitpunkt der Beschlussfassung 9,8 % des Gesellschaftskapitals hält und damit auch 9,8 % der Stimmen in der Hauptversammlung hat, wird vorher das „okay" zu dem Beschluss gegeben. Ab der Beschlussfassung kann sie die Ausschüttung des Geldes nicht mehr verhindern. Nach der Übernahme und damit zum Zeitpunkt der Ausschüttung der Prämie hält W fast 100 % des Gesellschaftskapitals.

Wie haben sich S und T strafbar gemacht?[14]

Bearbeitervermerk:[15]

1. Die Aktiengesellschaft (AG) ist eine privatrechtliche Unternehmensform, die 3 Organe hat: Der Vorstand führt aufgrund seiner Leitungsfunktion die Geschäfte. Der Aufsichtsrat kontrolliert ihn dabei und entscheidet gemäß § 87 I AktG über die Bezüge seiner Mitglieder. Die Hauptversammlung ist das beschließende Organ der AG. An der Hauptversammlung können die Kapitalgeber (Aktionäre) teilnehmen. Nach § 133 I AktG werden deren Beschlüsse grds. zumindest mit der Mehrheit der abgegebenen Stimmen gefasst.
2. Nehmen Sie an, dass sich der Aufsichtsrat (und damit auch S) wegen Verstoßes gegen § 87 I AktG aktienrechtswidrig verhalten hat, der Beschluss aber wirksam ist.

---

[14] Der zugrunde gelegte Fall (BGHSt 50, 331) wurde vereinfacht und der Sachverhalt in den Punkten (willkürlich) festgelegt, in denen die Vorinstanz keine hinreichenden Feststellungen getroffen hatte. Zum BGH-Urteil finden sich lesenswerte Besprechungen u.a. bei Ransiek, NJW 06, 814 und bei Vogel/Hocke, JZ 06, 568.

[15] Sie sollten sich durch die aktienrechtlichen Bezüge nicht abschrecken lassen! In einer Klausur erwartet man von Ihnen nur die Bearbeitung einer strafrechtlichen Problematik! Zur Erleichterung des Verständnisses werden Ihnen einige Hintergrundinformationen gegeben.

Fall 24:
Unter welchen Voraussetzungen kann das Verfahren vor dem Landgericht unter Auflagen eingestellt werden? Legen Sie zugrunde, dass das Verfahren gegen die nicht vorbestraften Angeklagten S und T seit sechs Jahren andauert und dabei von einem fortwährenden „Medienrummel“ umgeben ist, der noch einmal verstärkt wurde, als Gerüchte aufkamen, das Verfahren solle durch Einstellung beendet werden.

Lösung Fall 23

Strafbarkeit des S

I. Strafbarkeit gemäß § 266 I Var. 1
S könnte sich wegen Untreue zum Nachteil der AG gemäß § 266 I Var. 1 strafbar gemacht haben, indem er am später umgesetzten Beschluss des Aufsichtsrats zur Ausschüttung der Prämie an T mitgewirkt hat.

1. Tatbestand

a) Objektiver Tatbestand
aa) S müsste zuerst eine **Befugnis** gehabt haben, über fremdes Vermögen zu verfügen oder einen anderen zu verpflichten. S hatte als Mitglied des Aufsichtsrats gemäß § 87 I AktG die gesetzliche Befugnis, über die Bezüge des Vorstands zu entscheiden. Er konnte also die AG verpflichten, eine Auszahlung an T vorzunehmen.

bb) Diese Befugnis müsste S **missbraucht** haben. Dafür ist maßgeblich, dass er nur im **Innenverhältnis** bestehende Grenzen nicht beachtet hat, sein Handeln aber im **Außenverhältnis** rechtswirksam war. Die Missbrauchsalternative der Untreue zeichnet sich nämlich dadurch aus, dass ein externes Können entgegen dem internen Dürfen genutzt wurde, wohingegen beim Treubruchstatbestand (Var. 2) als Auffangnorm eine Wirksamkeit im Außenverhältnis nicht vorausgesetzt ist. Vorliegend war der Beschluss über die Prämie laut Bearbeitervermerk zwar wegen Verstoßes gegen § 87 I AktG rechtswidrig, führte aber nicht zur Unwirksamkeit. Somit hat S seine Befugnis missbraucht.

cc) Der Bejahung eines Missbrauchs könnte aber ein **tatbestandsausschließendes Einverständnis** entgegenstehen. Ein solches ist nur bei Delikten möglich, bei denen das Unrecht der Tat im Handeln gegen den Willen des Betroffenen zu erblicken ist. Die Untreue zeichnet sich gerade durch das Handeln entgegen den Vermögensinteressen eines anderen aus, so dass bei dessen

Einverständnis die Tatbestandsmäßigkeit und nicht erst die Rechtswidrigkeit entfallen muss.

aaa) Fraglich ist aber, wer vorliegend für die Erteilung eines Einverständnisses zuständig war und ob es wirksam erteilt wurde. Vorliegend hat die Konzernführung von W, die zum Zeitpunkt der Beschlussfassung 9,8 % der Stimmen hielt, ihre Zustimmung zu dem Geschäft erteilt. Unabhängig davon, wie man die umstrittene Frage nach der Möglichkeit und den Voraussetzungen eines wirksamen Einverständnisses durch die Anteilseigner innerhalb einer Aktiengesellschaft beantwortet[16], **reichen 9,8 % der Stimmen jedenfalls nicht aus**, da zumindest die für die Beschlussfassung erforderliche einfache Mehrheit der in der Hauptversammlung abgegebenen Stimmen (§ 133 I AktG) für eine solche Verwendung des Gesellschaftsvermögens entstehen muss. Ob einige Aktionäre keine Stimme abgeben, so dass sich die effektive Wirksamkeit des Anteils von W erhöht, ist unbeachtlich, da es nur um eine hypothetische Betrachtung der Mehrheitsverhältnisse geht.

bbb) Allerdings könnte auf den Zeitpunkt der Ausschüttung des Geldes abzustellen sein, indem der W-Konzern fast 100 % der Stimmen hielt, so dass er eventuell wirksam sein Einverständnis hätte erteilen können. Das Einverständnis muss immer zum Zeitpunkt der Vornahme der ansonsten tatbestandsmäßigen Handlung, durch die der Erfolg unmittelbar herbeigeführt wird, ohne dass der Betroffene dies abwenden könnte, vorliegen. Da W die Ausschüttung des Geldes nach der Fassung des Beschlusses im Aufsichtsrat laut Sachverhalt nicht mehr verhindern konnte, ist somit **der Zeitpunkt der Beschlussfassung maßgeblich**, zu dem W aber nur 9,8 % der Stimmen hatte. Damit konnte W keinen Tatbestandsausschluss durch seine Zustimmung herbeiführen.

dd) Es könnte zudem die Verletzung einer **Vermögensbetreuungspflicht** des S erforderlich sein. Die Entscheidung der umstrittenen und von der h.M. bejahten Frage, ob bei der Missbrauchsalternative der Untreue die Verletzung einer Vermögensbetreuungspflicht des Veruntreuenden gegenüber dem Geschädigten vorliegen muss[17], kann aber dahinstehen, wenn S jedenfalls eine solche Pflicht verletzt hat. Da S im Rahmen seiner Tätigkeit als Aufsichtsratsmitglied die Pflicht hatte, fremde Vermögensangelegenheiten zu besorgen, nämlich nach § 87 I AktG angemessene Bezüge für die Vorstandsmitglieder festzusetzen, hatte er eine Vermögensbetreuungspflicht. Durch den Beschluss über die Prämie ist diese Pflicht verletzt worden. Der Streit kann also dahinstehen.

---

[16] Diesen Streitstand brauchen Sie nicht zu kennen! Für Interessierte: Münchener Kommentar zum Strafgesetzbuch – *Dierlamm*, § 266, Rn. 140; Leipziger Kommentar – *Schünemann*, § 266, Rn. 126.

[17] Zum Problem: Hillenkamp, 40 Probleme aus dem Strafrecht Besonderer Teil, 34. Problem. Lesen Sie auch die (wie so oft) empfehlenswerten Ausführungen im Studienbuch Strafrecht BT von Rolf Schmidt.

ee) Schließlich müsste die AG einen **Nachteil an ihrem Vermögen erlitten** haben. Dabei sind für die Bestimmung des Vermögensnachteils die zur Vermögensbeschädigung beim Betrug (§ 263) entwickelten Grundsätze heranzuziehen.

aaa) Bei Zugrundelegung jedes Vermögensbegriffs ist das Kapital einer Aktiengesellschaft strafrechtlich geschütztes Vermögen.

bbb) Ob ein Schaden vorliegt, bemisst sich danach, ob eine Vermögensminderung eingetreten ist, die **nicht unmittelbar kompensiert** wurde. Durch die Ausschüttung von 20 Mio. Euro aus dem Vermögen der AG ist eine Vermögensminderung eingetreten. Sie könnte aber kompensiert worden sein, so dass der Schaden ausgeglichen worden ist. Zuerst kommt eine Kompensation durch die Arbeitsleistung des T bei der erfolgreichen Abwicklung der freundlichen Übernahme in Betracht. Diese wurde jedoch bereits durch die dienstvertragliche Vergütung (§ 611 BGB) abgegolten. **Eine zusätzliche Prämie, die zudem nicht im Vertrag vorgesehen war, kompensiert die Dienste des T nicht, sondern gewährt eine darüber hinausgehende Belohnung.**

Allerdings kommt eine Kompensation durch eine Anreizwirkung auf T oder auf zukünftige Vorstandsmitglieder der AG in Betracht, die sich wirtschaftlich auszahlt. Allerdings ist so eine Anreizwirkung zweifelhaft, da ein Vorstandsmitglied wohl auch unabhängig davon sein Bestes gibt. Zudem fehlt es aber an der für eine Schadenskompensation erforderlichen Unmittelbarkeit, so dass eine potentielle Anreizwirkung als **Schadensausgleich** nicht in Frage kommt. Dass S sie zudem nicht beabsichtigt hat, ist jedoch ein Aspekt des subjektiven Tatbestands und deshalb insoweit unbeachtlich. Deshalb ist die Vermögensminderung nicht kompensiert worden.

ccc) Schließlich ist aber zu berücksichtigen, dass ein Schaden aufgrund des Grundsatzes der **Einheit der Rechtsordnung** niemals vorliegen kann, wenn in gesellschaftsrechtlicher Hinsicht das Verhalten des S nicht zu beanstanden wäre. Da S jedoch durch die Beteiligung am Beschluss gegen das Aktienrecht verstoßen hat, kann mit diesem Argument dem Vorliegen eines Schadens nicht entgegengetreten werden.

Aus alledem folgt, dass die AG einen Vermögensnachteil erlitten hat. Dieser bestand von der Beschlussfassung bis zur Ausschüttung der Prämie mangels Einwirkungsmöglichkeit des W in einer **konkreten Vermögensgefährdung** und schlug mit der Ausschüttung des Geldes in einen Schaden um.

b) Subjektiver Tatbestand

S müsste auch vorsätzlich gehandelt haben. Vorsatz ist das Wollen der Tatbestandsverwirklichung in Kenntnis aller Tatumstände. S hatte als Aufsichtsratsmitglied Vorsatz hinsichtlich seiner **Befugnis**, einen anderen zu verpflichten, ebenso wie im Bezug auf seine **Vermögensbetreuungspflicht**.
Fraglich ist aber, ob er auch Vorsatz hinsichtlich des **Missbrauchs** seiner Befugnis und der damit verbundenen **Verletzung** der (nach h.M. erforderlichen, s.o.) Vermögensbetreuungspflicht hatte, indem er die Zweifel an der Vereinbarkeit seines Handelns mit dem Strafrecht hingenommen hat. Vorsatz setzt nach h.M. das Vorliegen eines voluntativen und eines kognitiven Elements voraus. Im Rahmen des **dolus eventualis** äußert sich dies so, dass ein für möglich gehaltener Erfolg billigend in Kauf genommen wird. Hier hat S für möglich gehalten, dass sein Verhalten einen Missbrauch seiner Befugnisse gegenüber der AG darstellt, dies aber billigend in Kauf genommen. Damit hatte er Vorsatz hinsichtlich des Missbrauchs seiner Befugnis.[18]
Schließlich müsste S auch Vorsatz hinsichtlich der **Zufügung eines Nachteils** gehabt haben. Da er nicht die Schaffung eines Leistungsanreizes intendierte, hatte er auch nicht den Vorsatz zur Abwendung eines Schadens durch Kompensation der Vermögensminderung. Damit hat S den subjektiven Tatbestand der Untreue verwirklicht.

2. Rechtswidrigkeit

S handelte rechtswidrig.

3. Schuld

S könnte sich in einem Verbotsirrtum gemäß § 17 S. 1 befunden haben. Das setzt voraus, dass ihm die Einsicht fehlte, Unrecht zu tun. Da S es für möglich hielt, Unrecht zu tun, hatte er Unrechtszweifel. Auch dass er die Angelegenheit schnell „über die Bühne bringen" wollte, zeigt, dass er Unrechtsbewusstsein hatte. Damit kann er sich nicht auf einen Verbotsirrtum gemäß § 17 S. 1 berufen.[19]

4. Besonders schwerer Fall

Es könnte zudem ein besonders schwerer Fall der Untreue gemäß § 266 II i.V.m. § 263 III Nr. 2 Var. 1 vorliegen. Das setzt die Herbeiführung eines Vermögensverlusts großen Ausmaßes voraus. Ein solches großes Ausmaß ist ab einer Summe von 50.000 Euro gegeben[20], liegt damit bei einem Betrag von 20 Mio. Euro jedenfalls vor.

---

[18] Damit kann dahinstehen, ob die Pflichtwidrigkeit des Handelns vom Vorsatz erfasst sein muss. Dies führt dann zu Schwierigkeiten, wenn fälschlich von der Ordnungsgemäßheit des eigenen Verhaltens ausgegangen wird, weil dann die Beurteilung dieses Irrtums als Tatumstands- oder als Verbotsirrtum umstritten ist.

[19] Selbst wenn man dies anders sieht, war der Verbotsirrtum jedenfalls vermeidbar.

[20] BGHSt 48, 360.

Ergebnis: S hat sich wegen Untreue gemäß § 266 I Var. 1 strafbar gemacht. Der Strafrahmen bemisst sich wegen der Verwirklichung eines Regelbeispiels nach § 266 II i.V.m. § 263 III Nr. 2 Var. 1.

B. Strafbarkeit des T

I. Strafbarkeit gemäß § 266 I Var. 2

T könnte sich wegen Untreue gemäß § 266 I Var. 2 strafbar gemacht haben, indem er die Prämie von S aus dem Vermögen der AG annahm.

Eine Strafbarkeit nach der Missbrauchsalternative (§ 266 I Var.1) der Untreue kommt nicht in Betracht. Weder hat T über Vermögen verfügt, noch einen anderen verpflichtet. Eine Befugnis hat er nicht überschritten.

Allerdings könnte er eine ihm aus einem Treueverhältnis obliegende Pflicht verletzt haben. Als Vorstandsvorsitzender einer Aktiengesellschaft hat T ihr gegenüber eine Vermögensbetreuungspflicht. Allerdings erwächst ihm aus dem Treueverhältnis nicht das Recht, über seine Bezüge zu entscheiden. Dies ist allein dem Aufsichtsrat gemäß § 87 I AktG vorbehalten. Damit hatte T als Vorstandsvorsitzender insoweit keine Vermögensbetreuungspflicht, so dass eine täterschaftliche Begehung der Untreue durch T ausscheidet.

Ergebnis: T hat sich nicht wegen Untreue gemäß § 266 I Var. 2 strafbar gemacht.

II. Strafbarkeit gemäß §§ 266 I Var. 1, 27

T könnte sich wegen Beihilfe zur Untreue gemäß §§ 266 I Var. 1, 27 strafbar gemacht haben, indem er die Prämie von S aus dem Vermögen der AG annahm.

1. Tatbestand

a) Objektiver Tatbestand

Eine vorsätzliche, rechtswidrige Haupttat liegt in der Untreue des S. T könnte zu ihr Beihilfe geleistet haben. Das setzt voraus, dass er sie durch physische oder psychische Unterstützung gefördert hat. Dadurch, dass T das Geld angenommen hat, hat er die Herbeiführung des manifesten Vermögensschadens erst ermöglicht, so dass er die Tat im Sinne einer Beihilfe gefördert hat.

b) Subjektiver Tatbestand

T müsste den doppelten Gehilfenvorsatz gehabt haben. T nahm ebenso wie S die Verwirklichung von strafbarem Unrecht in Kauf und hatte damit Vorsatz hinsichtlich der Vollendung der Haupttat. Ferner wusste er, dass die Annahme des Geldes durch ihn erforderlich war. Er wollte sie also durch seinen Tatbeitrag fördern. Damit hatte T Vorsatz.

2. Rechtswidrigkeit

T handelte rechtswidrig.

3. Schuld

Da T Zweifel an der Rechtmäßigkeit seines Handelns aus strafrechtlicher Sicht hatte, kommt aus den gleichen Gründen wie bei S kein Verbotsirrtum i.S.d. § 17 S. 1 in Betracht.

Ergebnis:

T hat sich wegen Beihilfe zur Untreue gemäß §§ 266 I Var. 1, 27 strafbar gemacht. Da auch in seiner Person die Voraussetzungen des §§ 266 II i.V.m. § 263 III Nr. 2 Var. 1 vorliegen, ist auch bei ihm der erhöhte Strafrahmen zugrunde zu legen, wobei aber die obligatorische Strafmilderung gemäß §§ 27 II, 49 I zu beachten ist.

Fall 24 (Strafprozessrecht)

Neben der Beendigung des Hauptverfahrens durch Urteil, wie es der gesetzliche Normalfall vorsieht (§ 260 I StPO), sind in den §§ 153 ff. StPO Möglichkeiten der Einstellung vorgesehen. In Betracht kommt hier eine Einstellung nach § 153a I, II StPO, bei der der Richter mit Zustimmung der Staatsanwaltschaft und des Angeklagten unter Erteilung von Auflagen und Weisungen das Verfahren einstellen kann.

a) Das setzt zunächst das **Vorliegen eines Vergehens** voraus. Gemäß § 12 III bestimmt sich dies nach dem Tatbestand, also hier § 266 I, wobei Milderungen (etwa §§ 27 II, 49 I bei T) und Schärfungen (§§ 266 II i.V.m. § 263 III) unberücksichtigt bleiben. Da die Untreue mit einer Mindeststrafdrohung unter einem Jahr belegt ist, handelt es sich gemäß §§ 266 I, 12 II um ein Vergehen.

b) Darüber hinaus dürfte **die Schuld der Angeklagten einer Einstellung des Verfahrens nicht entgegenstehen**. Die Schuld kann nicht deshalb schon entgegenstehen, weil – wie hier – die Begehung der Tat und eine dadurch mögliche Verurteilung hinreichend wahrscheinlich sind, denn dies ist gerade Voraussetzung für eine Einstellung nach § 153a stopp. Ansonsten würden die (wenn auch „freiwillig" akzeptierten) Auflagen eine unzumutbare Härte darstellen. Jedoch lässt sich daran anknüpfen, dass S und T nicht vorbestraft sind und sich ihre Tat im Grenzbereich zwischen strafbarem und straflosem Handeln befindet, wie schon der hohe Begründungsaufwand zeigt, der erforderlich ist, um die Tat rechtlich als strafbar zu würdigen. Dies kann selbst angesichts der Höhe der veruntreuten Geldsumme dazu führen, dass die Schuld nicht entgegensteht (a.A. vertretbar).

c) Auch müsste das öffentliche Interesse an der Strafverfolgung mit den Auflagen beseitigt werden können. Das Interesse kann sich aus Gründen der Spezial- und Generalprävention sowie aus Interesse der Allgemeinheit an der konkreten Straftat ergeben. Bei der **Spezialprävention**, also der Berücksichtigung der Wirkungen auf die Angeklagten selbst, ist zu beachten, dass die Tat schon lange zurückliegt und dadurch die Wirkung einer Strafe reduziert ist. Jedoch sprechen **generalpräventive** Gründe dafür, die Strafverfolgung nicht einzustellen, denn in **positiver** Hinsicht ist es zur Schärfung des Unrechtsbewusstseins in wirtschaftlichen Führungskreisen wichtig, das Vertrauen in die Rechtsordnung zu stärken.

Aber auch der „einfache Bürger" muss sehen können, dass gesellschaftsrechtswidrige Transaktionen gerichtlich verfolgt werden, damit er erkennt, dass sich gesetzeswidriges Handeln nicht lohnt. Daneben ist auch aus Gründen der **negativen Generalprävention** zur Abschreckung anderer „Wirtschaftsbosse" eine Strafverfolgung zu befürworten, wobei aber die Bedenklichkeit dieses Strafzwecks angesichts Art. 1 I GG nicht unberücksichtigt bleiben darf. Schließlich spricht auch das **Interesse der Allgemeinheit an der konkreten Straftat**, das am stärksten durch den das Medienaufsehen deutlich wird, eindeutig für eine Bestrafung. Auch wenn man etwaige Vergeltungsgedanken der „einfachen Bürger" gegen die „Wirtschaftsbosse" unberücksichtigt lässt, besteht ein öffentliches Interesse daran, zu erfahren, ob und inwiefern das Verhalten von S und T gegen Strafgesetze verstoßen hat.

Folglich ist eine Einstellung des Verfahrens nach § 153a StPO nicht möglich. Sollte sie dennoch im Rahmen des vorgesehenen Verfahrens, insbesondere mit der Zustimmung der entsprechenden Verfahrensbeteiligten, stattfinden, ist sie aber gemäß § 153a II 4 StPO **unanfechtbar**. Eine Obergrenze für eine etwaige Geldauflage (vgl. § 153a I 2 Nr. 2 StPO) wird weder unmittelbar noch mittelbar durch das Gesetz festgelegt.

Für weitere typische StPO-Zusatzfragen lesen Sie bitte den Juristischen Grundkurs Band 26 zum Strafprozessrecht.

Fall 25

Sachverhalt

X hat als Geschäftsführer wiederholt Geld unterschlagen und ist deswegen wirksam entlassen worden. Aufgrund des vom Arbeitgeber ausgestellten schlechten Zeugnisses befürchtet er, keine neue Anstellung als Geschäftsführer zu finden. Er kopiert daher den schwarz-weißen Briefkopf seines Arbeitgebers sowie die Unterschrift und deckt dabei den übrigen Text des Zeugnisses ab. Daraufhin entwirft er eine neue Fassung mit einem für ihn sehr positiven Text. Sodann fertigt er eine Fotokopie des Briefkopfes und der Unterschrift zusammen mit dem von ihm selbst verfassten Zeugnis an. Das Ergebnis erweckt den Anschein des Originals. X legt diese, nicht als solche erkennbare, Kopie seinen Bewerbungsunterlagen an das Unternehmen U bei. Wie von X erwartet, wird die Zeugnismanipulation von der Personalabteilung des U nicht bemerkt. Er wird daraufhin als Geschäftsführer eingestellt.

Hat sich X strafbar gemacht?

Lösung Fall 25

I. Strafbarkeit gemäß § 267 I Var. 2 (Abdecken des Textes)

X könnte sich wegen einer Urkundenfälschung nach § 267 I Var. 2 strafbar gemacht haben, indem er den Text seines Arbeitszeugnisses abdeckte und dieses kopierte.
Dazu müsste es sich bei dem Arbeitszeugnis um eine Urkunde im Sinne des Strafgesetzbuches handeln. Urkunden sind verkörperte Gedankenerklärungen, die dazu bestimmt und geeignet sind, im Rechtsverkehr Beweis zu erbringen und ihren Aussteller erkennen lassen. Ein in Teilen abgedecktes Zeugnis ist nicht dazu geeignet, im Rechtsverkehr als Beweis angesehen zu werden. X hat sich folglich keiner Urkundenfälschung im Sinne des § 267 I Var. 2 schuldig gemacht.

II. Strafbarkeit gemäß § 267 I Var. 2 (Kopieren des Briefkopfes/Unterschrift)

X könnte sich wegen einer Urkundenfälschung nach § 267 I Var. 2 strafbar gemacht haben, indem er den Briefkopf/die Unterschrift herauskopierte.
Dazu müsste es sich bei dem Briefkopf/der Unterschrift um eine Urkunde im Sinne des Strafgesetzbuches handeln (Definition s.o.). Ein Briefkopf/eine isolierte Unterschrift ist nicht dazu geeignet, im Rechtsverkehr als Beweis angesehen zu werden. X hat sich folglich keiner Urkundenfälschung im Sinne des § 267 I Var. 2 strafbar gemacht.

III. Strafbarkeit gemäß § 267 I Var. 1 (Verfassen des neuen Zeugnisses)
X könnte sich wegen einer Urkundenfälschung durch Herstellung einer unechten Urkunde gemäß § 267 I Var. 1 strafbar gemacht haben, als er ein neues Arbeitszeugnis verfasste. Das neue Arbeitszeugnis stellt lediglich eine schriftliche Lüge dar. Über den angeblichen Aussteller wird nicht getäuscht, da das Dokument ohne Briefkopf/Unterschrift nicht zum Beweis geeignet ist. Folglich hat sich X keiner Urkundenfälschung nach § 267 I Var. 1 strafbar gemacht.

IV. Strafbarkeit gemäß § 267 I Var. 1 (Zusammengeklebte Collage)
X könnte sich wegen einer Urkundenfälschung durch Herstellung einer unechten Urkunde gemäß § 267 I Var. 1 strafbar gemacht haben, als er sein selbst geschriebenes neues Arbeitszeugnis mit dem Briefkopf und der Unterschrift des alten Arbeitgebers zusammenklebte. Die zusammengeklebte Collage ist als Produkt einer Bastelei für jeden erkennbar. Damit ist sie nicht dazu geeignet, im Rechtsverkehr Beweis zu erbringen. Folglich hat sich X keiner Urkundenfälschung nach § 267 I Var. 1 schuldig gemacht.

V. Strafbarkeit gemäß § 267 I Var. 1 (Kopieren der Collage)
X könnte sich wegen einer Urkundenfälschung durch Herstellung einer unechten Urkunde gemäß § 267 I Var. 1 strafbar gemacht haben, als er die Collage aus seinem selbst geschriebenen neuen Arbeitszeugnis und dem Briefkopf/der Unterschrift des alten Arbeitgebers kopierte.

1. Tatbestand

a) Objektiver Tatbestand
aa) Dazu müsste es sich bei dieser Kopie um eine Urkunde im Sinne des Strafgesetzbuches handeln (Def. s.o.).

aaa) Fraglich ist, ob eine Fotokopie überhaupt eine menschliche Gedankenerklärung verkörpern kann. Es könnte sich um die lediglich Wiedergabe einer verkörperten Gedankenerklärung handeln. Allerdings erkennt der **Rechtsverkehr,** der geschützt werden soll, **der Kopie sehr wohl einen Erklärungswert** zu, wenn diese den Anschein des Originals erweckt und insofern zur Urkunde aufrückt (a.A. vertretbar). Vorliegend ist dies der Fall. Die Kopie verkörpert also eine menschliche Gedankenerklärung.

bbb) Weiterhin ist zu prüfen, ob der von X hergestellten Kopie ein Beweiswert zukommt. Hiergegen könnte man zunächst einwenden, die Kopie besitze schon deshalb keine Beweiskraft, weil es sich nur um eine Wiedergabe handele. Niemand muss sich im Rechtsverkehr allein auf eine Kopie verlassen. Allerdings sprechen praktische Bedenken dagegen. Der heutige Rechtsverkehr, in **dem Urkunden auch via Email als Kopie übertragen werden**, hat die Bedenken gegen den Beweiswert von Kopien weitgehend zurückgestellt. Weiterhin kann der strafrechtliche Schutz nicht schon deshalb entfallen, weil etwas leicht zu fälschen ist. Der Fotokopie des X kommt also ein Beweiswert zu.

ccc) Schließlich müsste die von X erstellte Kopie eindeutig einem Aussteller zuzuordnen gewesen sein. Dagegen spricht, dass eine Kopie - anders als etwa die Durchschrift - ihren Aussteller nicht erkennen lässt. Bei der Kopie könnte es sich hiernach höchstens um eine schriftliche Lüge handeln. Es ist allerdings allgemein anerkannt, dass es nicht auf den tatsächlichen Aussteller ankommen kann, sondern nur auf den „**geistigen Urheber**". Dieser Urheber ist bei einer Kopie, die den Anschein des Originals erweckt, der tatsächliche Aussteller. Damit lässt sich die von X erstellte Kopie einem Aussteller – seinem alten Arbeitgeber – zuordnen.

Die von X erstellte Kopie weist also sämtliche Merkmale einer Urkunde auf.

bb) X müsste eine unechte Urkunde hergestellt haben. Herstellen ist jede zurechenbare Verursachung der Existenz einer unechten Urkunde. Durch die Kopie hat X eine neue unechte Urkunde im Sinne von § 267 I Var. 1 hergestellt.

b) Subjektiver Tatbestand

X wusste und wollte, dass die von ihm erstellte Kopie geeignet sein würde, den potentiellen Arbeitgeber, das Unternehmen U, über die Ausstellerschaft zu täuschen.

2. Rechtswidrigkeit und Schuld

X handelte rechtswidrig und schuldhaft.

Ergebnis: X hat sich wegen einer Urkundenfälschung durch Herstellung einer unechten Urkunde gemäß § 267 I Var. 1 strafbar gemacht.

VI. Strafbarkeit gemäß § 267 I Var. 3

X könnte sich wegen einer Urkundenfälschung durch Gebrauch einer unechten Urkunde gemäß § 267 I Var. 3 strafbar gemacht haben, als er die Kopie seinem neuen Arbeitgeber zuschickte. Um die Urkunde zu gebrauchen, muss der Täter die gefälschte Urkunde dem zu Täuschenden so zugänglich machen, dass dieser sie sinnlich wahrnehmen kann. X hat das gefälschte Zeugnis dem neuen Arbeitgeber zugeschickt und ihm damit zugänglich gemacht. Dies tat X vorsätzlich. Rechtswidrigkeit und Schuld liegen vor. X hat sich nach § 267 I Var. 3 strafbar gemacht.

VII. Strafbarkeit nach § 263 I

X könnte sich eines Betruges nach § 263 I zum Nachteil des U strafbar gemacht haben, als er mittels eines gefälschten Zeugnisses eine Anstellung erschlich.

1. Tatbestand

a) Täuschungshandlung

Zunächst müsste X eine Täuschungshandlung begangen haben. Durch die Kopie fälschte X ein Arbeitszeugnis und spiegelte so eine dem Beweis zugängliche Eigenschaft vor, die das Zeugnis offensichtlich nicht besaß.

b) Irrtum

Durch diese Täuschung erregte er beim Unternehmen U die (Fehl-)Vorstellung, einen qualifizierten und ehrlichen Mitarbeiter einzustellen.

c) Vermögensverfügung

Weiter müsste das Unternehmen U deshalb über sein Vermögen verfügt haben. Unter Verfügung fällt jedes tatsächliche Tun, Dulden oder Unterlassen, durch welches das Vermögen unmittelbar gemindert wird. U schloss mit X einen Arbeitsvertrag. Die sich hieraus ergebenden Verpflichtungen minderten das Vermögen.

d) Vermögensschaden

Problematisch ist allerdings die Frage, ob auch ein Vermögensschaden eingetreten ist. Dies wäre auf jeden Fall dann zu bejahen, wenn X die geschuldeten Leistungen nicht erbringen könnte. Es ist aber davon auszugehen, dass X die nötigen Qualifikationen für die Tätigkeit besaß. Man könnte den Vermögensschaden aber auch darin erblicken, **dass das Unternehmen einen Mitarbeiter in eine Vertrauensposition eingestellt hat, der dieses Vertrauen offensichtlich nicht wert war**. Dann müsste man allerdings annehmen, dass X die erste günstige Gelegenheit nutzen würde, um das Vermögen seines neuen Arbeitgebers zu schädigen, oder aber, dass die Dienstleistung eines einmal auffällig gewordenen Menschen keinen Wert mehr habe. Dann würde man aber den Schadenseintritt zu weit vorverlagern. Das Unternehmen U hat folglich keinen Vermögensschaden erlitten. Folglich ist X nicht wegen Betruges strafbar (a.A. vertretbar).

2. Ergebnis: X hat sich keines Betruges nach § 263 I strafbar gemacht haben, als er mittels eines gefälschten Zeugnisses eine Anstellung erschlich.

Konkurrenzen: Zwischen den beiden Varianten des § 267 könnte man Idealkonkurrenz annehmen oder die Var. 3 als mitbestrafte Nachtat ansehen. Nach beiden Sichtweisen käme man nur zu einer Straftat nach § 267 I, es muss also keine Entscheidung getroffen werden.